「嫌い」の感情が人を成長させる

考える力・感じる力・選ぶ力を身につける

樋口裕一
Higuchi Yuichi

さくら舎

はじめに

「嫌う」という感情は、「好き」という感情とともに人間にとって根本的なものだ。好きと嫌いは表裏の関係であり、それが人間の基本的な感情をなし、その感情が人間関係をつくり、自分という人間をつくり、行動指針を決める。人は「嫌い」という感情を持ち、嫌いなことを避け、ときに嫌いなことを克服《こくふく》し、自分の「嫌い」と向きあいながら生きていく。

そのことを否定する人はいないだろう。

ところが、これほどまでに大事な「嫌い」という感情が、現代社会では不当に軽視されていないだろうか。

日常生活で、「嫌い」という言葉を発することはほとんどない。嫌うことはよくないことだとされ、自分の心の中に「嫌い」という感情が生まれたら、多くの人がそれを打ち消そうとする。自分を責める。まるで、「嫌い」という感情は、あってはならない感情、少なくとも、あるべきではない感情として扱われている。

日本全体が、まさに「嫌い」という感情を押し殺し、そうした感情を持つ人にストレスを与えている。嫌うことを悪いこととみなし、弾圧している。社会全体が、「みんな仲良し」「みんながすべて好き」を推奨し、それを押しつけ、それを嫌ってはみ出そうとする人を排除しようとしている。

これは由々《ゆゆ》しき事態ではないか。

じつは、人は何かを嫌うことで自分を築き、成長していくのではないか。

嫌うことによって、それを嫌っている自分の内面を知ることができる。自己省察につながる。嫌うことによって社会的な関係を明確にできる。嫌いなものを明確にして、そこからエネルギーを得ることもできる。嫌いなものを克服して、一回り成長することもできる。

嫌うことを拒否していたら、人間は成長できない。

もちろん、何かを嫌い、それを表明することは、一つ間違えると、排除になり、いじめになり、差別になるおそれがある。「嫌い」を表明することによって、自分が逆に嫌われ、孤立することもある。

したがって、実際に、「嫌い」ということを重視していくためには、それが排斥《はいせき》やいじめや差別につながらず、嫌ったからといって、そこから新たな問題が起こらないように十分に注意する必要がある。

本書で、私は「嫌う」ことの復権を語りたいと思う。

まずは、人間にとって嫌うことがいかに重要であるか、いかに嫌うということが人間を成長させるかを説明することからはじめる。そして、しっかりと嫌って生きながらも、それが差別につながることがなく、社会的にけっしてマイナスにならないような嫌い方を解説する。

嫌うためにはどのような心構えでいればよいのか、「嫌い」を表明するときにどのようなことを心がけるべきなのか、どのようにして、「嫌い」ということを個人にとっても社会にとってもマイナスにしないでいられるようにするかについても語る。

また、現代社会の目に見えないところに、じつは「嫌い」を抑圧して、「みんな仲良し」を押しつける抑圧の論理があることについても、私の考えを述べたいと考えている。だれもが当たり前と考えていることが、じつは人間を苦しめている状況について、私なりの考えを示したい。

本書によって、多くの人が「嫌い」という感情の大事さを再認識し、けっして嫌うことを排除やいじめに結びつけずに、健全に人やものを嫌うようになってくれることを、私は願ってやまない。

なお、本書執筆にあたって、さくら舎編集長・古屋信吾さん、編集部・松浦早苗さんに大変お世話になった。社会に対して強く訴えたいと考えていた内容に発表の機会を与えてくださったのはお二人だった。この場を借りて感謝の気持ちを申し上げる。

樋口《ひぐち》裕一《ゆういち》

目次◆「嫌い」の感情が人を成長させる

第2章　私のマーラー嫌い騒動

第3章　「嫌い」が人間を成長させる

第4章　拒絶・排除にならない上手な「嫌い方」

第5章　嫌いなもの・嫌いな人とのつきあい方

第6章　「みんな仲良し」社会の欺瞞

終章　「嫌い」を口に出せる成熟社会

「嫌い」の感情が人を成長させる

――考える力・感じる力・選ぶ力を身につける

第1章　「嫌い」を認めない現代人

「嫌い」をいえなくなった日本社会

現代社会では嫌うことが暗黙のうちに禁じられているといってよいのではないだろうか。

「嫌い」という表現は禁句の一つと断言して間違いあるまい。

だれかに対して、「あなたのことが嫌いです」と口にすることは、ほとんどない。もし、口にするとすれば、それはよほどの修羅場《しゅらば》や愁嘆場《しゅうたんば》を覚悟した場合に限られる。

いや、相手に面と向かって「嫌い」というのはよほどのことだろう。だが、第三者に関しても、「あの人のことが嫌いです」といいづらい。仲間内でコソコソと、多少のうしろめたさを感じつついう場合をのぞいて、そのようなことは口にされない。

少なくとも、内輪の人ばかりの濃密な空間以外で口にされることはめったにない。「嫌い」と口にすることは、よほどのことが起こった場合に限られているようだ。

人に限らない。土地に対しても、「私は東京が嫌いです」「私はフランスが嫌いです」とも口にしない。

「韓国が嫌いです」「中国が嫌いです」という人はいるが、それはまさしくヘイトを意味する。敵対し、排除するときに用いる、いわば最後通告用語にほかならない。ということは、日常では使われないということでもある。

人や国だけではない。小中学生の時代に「数学が嫌いだった」「体育が嫌いだった」などといわれることさえも多くない。数学ができずに困った人は、間違いなく数学が嫌いだったと思うのだが、そうは口にしない。

「私は演歌が嫌いだ」「私はスポーツが嫌いだ」というのもためらわれる。食べ物さえそうだ。「カレーライスが嫌いです」「すっぱいものが嫌いです」ともいわない。「私は暑いのが嫌いなんです」「私は夏が嫌いなんです」ともいわない。

こんな場合、**多くの人が、「苦手です」「得意ではない」といういい方をする。**

「私は数学が苦手でした」

「私はカレーライスのスパイスのにおいが苦手なんです」

「すっぱいものは得意ではないんです」

「私の身体は夏には向いていないようで」

などという。人間に対してさえ、「私はあの人が苦手なんです」といったいい方をする。

まるで好きでない自分が悪いかのような態度を示す。そうしないと許されない雰囲気が現代の日本にはある。

いつのまにか、現代社会では「嫌い」という言葉は使えなくなってしまったようだ。もしつい使ってしまったら、ぶしつけな人間、他人の心を配慮しない人間とみなされてしまうらしい。

本当にいってもよいのは、「ゴキブリが嫌い」「ヘビが嫌い」というような、嫌うのが当然とみなされている対象を口にするときくらいだろう。

いや、口で「嫌い」と公言できなくなっただけならまだいい。心の中で「嫌い」と思っていることが認められているのなら、それでもよいだろう。

だが、「嫌い」という感情さえもが許されなくなっているのではないか。

好き嫌いをなくすことが求められている

食べ物については、好き嫌いをなくすことが求められている。ひと昔前まで、給食の時間に嫌いな食べ物を残していると、強制的に食べさせられたものだ。

それほどではないにしても、好き嫌いはないのが望ましい、できるだけ子どものうちに偏食をなくすことが好ましいとされている。

たしかに、食べ物にあまりに好き嫌いがあると困る。栄養の偏《かたよ》りが起こってしまう。野菜嫌いの人間はビタミンCなどの摂取量が少ないということであって、さまざまな病気にかかるおそれがあるだろう。魚嫌い、肉嫌いの人も、動物性たんぱく質やカルシウムが不足する可能性が高いのではないか。

また、学校の科目も食べ物と同じように、好き嫌いがないにこしたことはない。少なくとも、嫌いな科目はないほうがよい。嫌いということは、すなわちほとんどの場合、成績がよくない、勉強したくないということであって、試験などの結果を左右するだろう。

だが、その食べ物や科目についてさえも、近年では、なるべく好き嫌いを認めようという傾向にあるようだ。以前のように好き嫌いをなくそうとする強制は少なくなりつつあると聞く。

給食でも嫌いなものを残すのが認められるようになったようだし、科目についても、無理やりまんべんなく勉強ができなくても、特定の科目に夢中になって、その力を伸ばす人間のほうが自分らしく生きることができ、社会的にも有用ではないかと思われている。

にもかかわらず、あらゆる領域で好き嫌いをなくすことがよいことと思われているようだ。

趣味や仕事や人間関係でも好き嫌いをなくし、場合によってはすべてを好きにし、嫌いなものを世の中からなくしてしまおうという意識がそこにはある。

まるで、**嫌いというのはなくさなければならない恥ずべき感情でもあるかのようではないか。**

だが、くり返すが、嫌いというのは、恥ずべき感情ではない。なくすべき感情ではない。あってしかるべき、大事な感情だ。

嫌いなものはだれにも存在する

人には好きなものが存在する。

当たり前のことだ。好きか嫌いかは、もっとも原初的な人間の感情だ。「正しい・正しくない」「するべきだ・するべきでない」の前に、「好き・嫌い」があるだろう。

多くの場合、「正しい・正しくない」「するべきだ・するべきでない」は「好き・嫌い」を理性的に組み立てなおしたものにほかならない。

人間には感覚的に好き嫌いが存在する。それをもとに、さまざまなことを考える。

もちろん、「好きでも嫌いでもない」という対象があるだろう。それがほとんどかもしれない。

たとえば、私にとって、歌手のほとんどは好きでも嫌いでもない。何人かとても好きな歌手（歌手といっても私の場合、オペラ歌手なのだが）がいる。そして、何人か嫌いな歌手がいる。多くの人がそのようなものだと思う。

「すべての歌手が好き」、あるいは、「すべての歌手が好きでも嫌いでもない」というのは、その分野にさほどの関心がないということだろう。**強い関心を持っていれば、必ず好き嫌いがある。**

もし、強い関心を持っていても、嫌いな存在がいないとすれば、それは意識的に嫌いにならないとしているからだろう。自分の考えを持っており、それによって判断している限り、それに合致する存在とそうでない存在は出てくるはずだ。

好きなものがあれば、当然、そうでないものがあり、嫌いなものがある。当たり前のことだ。

先ほどの例でいえば、どうしてもすっぱいものが嫌いな人がいる。算数の嫌いな人がいる。ホラー映画の嫌いな人がいる。それはいかんともしがたい。すっぱいものが本当に嫌いな人に、すっぱいものを食べろといっても無理だ。我慢《がまん》すれば食べられるようにはなるかもしれないが、一生、好きにはならないだろう。

人間関係にしても、同じことがいえる。

虫の好かない人がいる。ちょっと話をしただけでむかつく人間がいる。行動の一つ一つが癇《かん》にさわる人がいる。そこまでではないにせよ、いうこと、することが、イライラする人がいる。目の前にいる人に対してもそうだろうし、俳優や芸人、スポーツマンもそうだろう。テレビのインタビューを見て、腹立たしく思うこともあるだろう。

ところが、**多くの人がそれを「嫌い」と感じることが許されていない**わけだ。「あの人、むかつく」などといおうものなら、下品で人間として欠陥のある人間とみなされる。

まるで、食べ物と同じように、人間関係についても、嫌いであることが許されずにいる。好きになることが求められている。

だが、**嫌いな人間**に対して、嫌いという感情を持てないのは、なんとつらいことだろう。**嫌いな人間**を好きにならなければならないとすると、どんなにストレスがたまることだろう。

多くの仕事場で多くの人が上司や先輩や同僚を心の中で嫌いと思いながら、嫌ってはならないと自分にいい聞かせ、好きにならなければならないと自分を責めているのではないか。人々は人間関係に苦しみ、嫌いな人とにこやかに過ごすことが強要され、それどころか好きになることが求められているがゆえに、それができず、しばしば仕事を辞めていく。嫌っている自分を責め、嫌いになってしまう自分は人間として未熟なダメな人間なのではないかと自分を非難しているのではないか。嫌っている自分を認めることができず、ときには自己嫌悪を感じているのではないか。

自分の感情を見つめることができず、自分の感情を表に出すことができない。それはきっと苦しいことにちがいない。そんな苦しい状況を多くの日本人が耐え忍んでいる。

そもそもアンチがいて当たり前

そもそも、世の中にはアンチ（反）がいて当然なのだ。どんな人にもアンチがいる。テレビの人気者にもアンチがいて、しばしばネットなどで有名人はたたかれている。ネットで匿名《とくめい》でたたくことについては、きわめて卑劣《ひれつ》な行為であって、これは嫌うとか悪口をいうといったレベルの事柄ではないと私は考えている。それについてはのちほど語ろう。ここでは、テレビで活躍している人のすべてにアンチが存在することを確認しておきたい。

「日本の国民みんなに愛された」としばしばいわれる長嶋茂雄《ながしましげお》氏にも、じつは大勢のアンチがいた。私自身は同年代の多くの子どもと同じように熱狂的な長嶋ファンだった。銭湯の下駄箱、傘の置き場などで長嶋選手の背番号である3番を奪いあっていた。

だが、私の周囲の大洋ホエールズびいきの友人や阪神タイガース好きの友人は、長嶋を目の敵《かたき》にしていた。巨人ファンのなかにも、王《おう》選手を応援して長嶋選手を苦々しく思っている人は少なくなかった。

そんな人たちは、派手好きで、立ち居振る舞いがオーバーな長嶋氏を嫌っていた。だが、時代がたつにつれて過去のことがある意味で美化されて、現在になると「みんなに愛された。嫌いという人は一人もいなかった」ということになる。

長嶋氏でさえそうなのだ。芸能人もスポーツ選手も芸術家も、その人気に比例してアンチがいた。

それほどの有名人でなくても、たとえば私ごときでもアンチがいる。私は35年ほど前から大学入試小論文の指導をおこない、１５０冊以上の小論文参考書を書いてきた。「小論文の神様」と呼ばれることもある。一般書も１００冊以上書いており、２００４年刊行の『頭がいい人、悪い人の話し方』（ＰＨＰ新書）は２５０万部を超すベストセラーになった。自分でいうのもナンだが、私はきっと、知る人ぞ知るという存在だ。ネットを探すと、そんな私を目の敵にしてくさしている人が大勢いる。アマゾンの私の著書に対するレビューも、悪意としかいいようのないコメントがたくさんある。

いや、**有名人でなくても、一般の人にもアンチが存在する**だろう。小さな組織のなかにも、だれかにたてついているアンチがいるものだ。もし、アンチが存在しないとすれば、その人物はアンチができるほどの仕事をしていない、いい換えれば責任のある仕事をしていないということになるだろう。

何かを決定すれば、それによって不利益をこうむる人間、そのやり方に承服できない人間が生じる。価値観の違う人間が現れる。

すべての人がある人物に賛成するわけではない。同じ人物、同じものを好むわけではない。まったく逆のものを好む人もいる。**すべてのものに、それを好きな人と嫌いな人とどちらともいえない人が存在する**。そうやって世界は動いている。

好き・嫌いはその人の大事な部分

人間は、さまざまなものを好きになり、嫌いになって自分を築いていく。嫌いな科目があり、嫌いな先生がいる。嫌いなクラスメートがいる。なかには、嫌いだったのにいつのまにか好きになることもあるだろう。逆に、好きだったのにいつのまにか嫌いになることもあるだろう。

だが、いずれにしても、そうやって子どもから大人になっていく。

食べ物についても、趣味についても、人に関しても、生き方に関しても好き嫌いがある。**好き嫌いはその人の価値観の中核をなすものだ。好き嫌いを中心に、その人は自分の価値観や人生観を築き上げている**のだろう。

その人が何を好むかもさることながら、**何を嫌うかによって、その人がどんな人かがわかる。**

プロ野球の巨人軍が好きでテレビで野球中継を見て、時代劇ファンでもあって、人気のドラマは嫌い、歌番組も嫌いという人物がいたら、それだけでどんな人柄なのか見当がつくだろう。

同じく、おしゃれなホテルに泊まるのを趣味にして、高級フレンチで食べるフルコースを好み、場末の居酒屋が大嫌い、演歌も嫌いというのがどのような人物かも想像できる。

それはいうまでもなく、好き嫌いがその人物の中核をなしているということにほかならない。いや、単に、カラオケもパーティも仲間の集まりも飲み会も嫌いという人間も、それだけでどんな人間なのか見当がつくはずだ。

私は、研修の講師をする場合、初対面の人々にグループをつくってワークショップをしてもらうことがある。そんなとき、そのまま作業に入ると、グループ内の会話がぎくしゃくしてうまくいかない。アイスブレイク（緊張をほぐすためのきっかけ）として、初めの5分間くらい、自分の好きなもの、嫌いなものをいくつか紙に書いてもらい、それを見せあって話をするようにうながす。

そうすると、たった5分で打ち解け、そのグループの人々は親しく話すようになり、気心が通じるようになる。互いに好きなもの、嫌いなものについて話をし、意気投合したり、自分との違いを話しあう。たちまち笑い声が聞こえるようになる。

それほどまでに好き嫌いはわかりやすい自己紹介になり、その人となりがわかるということを意味している。

したがって、好き嫌いの感情を持てないこと、それを表に出せないことは、その人自身の人間性を表に出せないことに等しい。

つまりは、**日本社会では、嫌う権利が侵害されているといってよいのではないか。私はこの権利を取り戻す必要があると考えるのだ。**

人には悪口をいう権利がある

人を嫌う権利がないことの延長線上に、「悪口をいってはいけない」という日本人のあいだに強くいきわたったマナーがある。

「人の悪口をいってはいけない」「人の悪口をいうのは、卑劣《ひれつ》な人間だ」と家庭でも学校でも子どものころから厳しくしつけられる。

そのため、**多くの人が他人の悪口をいうことに罪悪感を抱いている。**人の悪口をいうときは声をひそめて、うしろめたそうに少人数で口にする。いってはならないことをコソコソいうように、低い声で悪口をいう。

子どもに対して「友だちの悪口をいってはいけません」と厳しくしつける。学校で友だちの悪口をいおうものなら、すぐに止められ、叱《しか》られる。「友だちの悪口をいっちゃいけません」、それが日本中のすべての子どもたちの頭に植えつけられている。

しかし、いうまでもなくイヤな子はいる。嫌われて当然の子がたくさんいる。いじめなどがなくても、ちょっとした友だちの言動で子どもが傷つけられることがある。子どもは友だちの悪口をいいたくなる。

ところが「あの子嫌い」ということが禁じられている。家に帰ってさえ、友だちの悪口をいえない。

すべての友だちのことが好きでなければならない、友だちも自分のことを好きでいてくれるはずだ、そういううるわしい前提で物事が動いている。友だちが悪いのではなく、そういいたくなる自分のほうが悪いのだと思うことを強《し》いられている。

悪口ばかりいうのは、もちろんコミュニケーションとして考えものだ。私ももちろん、悪口ばかりいう人と話すと苦痛を感じる。

かつて、まだ北陸新幹線が走っていない時代、特急列車の席で当時勤めていた予備校の同僚と隣りあわせ、長野駅から上野駅までの2時間以上にわたって、ずっと自慢話と悪口ばかりを聞かされて辟易《へきえき》したことがある。そのような人こそが嫌われるし、そもそも会話が楽しくなかった。このような人のコミュニケーション力には、根本的な欠陥がある。

だが、いうまでもなく、**悪口をいいたいのは人間の当たり前の感情だ。**

悪口をいわずにはいられないのは、人間の性《さが》だといってよいだろう。悪口をいいあうことによって仲間意識を高め、コミュニケーションを密にすることもある。その昔、居酒屋で上司の悪口をいいながら、ガス抜きをして働く意欲を維持するというのは、それはそれで日本の美風だった。

悪口をいうにもテクニックがある（それについてはのちほど解説する）。テクニックを用いる必要があるにせよ、**だれにも人を嫌う権利があり、それを口にする権利があると同様、悪口をいう権利もある。**そう考えてこそ、ストレスの少ない、人権を尊重した社会になると私は思うのだ。

嫌われたくないので嫌わないという意識

なぜ、嫌うことがタブーになっているのか、なぜ嫌ってはいけないとされているのか。

もちろん、さまざまな要因があるだろうが、大きな要因の一つは、嫌われたくないということが挙げられるだろう。

他者と意見を合わせておかないと、仲良くできない。だから、他者が好きなものを「嫌い」とはいいにくい。ところが、周囲の人が何を好み、何を嫌っているかわからない。「私はみなさんと同意見です。あなたの気持ちはよくわかります。あなたの好きなものが好きです。ですから、私を嫌わないでください」というのが基本的な態度だ。

相手に嫌われたくないので、自分も嫌いといわない。そのような交換条件が無意識のうちにある。

ＳＮＳ上ではしばしば炎上が起こっている。だれかが何かを「嫌いだ」と書く。すると、それを好きな人がその人を攻撃する。前にも書いたとおり、どんなことにも好きな人と嫌いな人がいるので、どんなことを書いても場合によっては、それに腹を立てる人がいる。

そうして攻撃対象になる。

すると、それが怖くて「嫌いだ」と公言できなくなる。そうした状況をだれもが見ている。だから、みんながいっそう委縮《いしゅく》して、「嫌いだ」などといえなくなっている。

しかも、間違っても、面と向かって相手の好きなものを「嫌い」といって、相手と同意見でないことをあからさまにしたくない。何であっても、「嫌い」とはいわず、好きなふりをする。そうしてこそ、当たりさわりなく平和に暮らせる。

相手のことを「嫌いだ」と思っても、それを表に出すと、自分が嫌われてしまうかもしれない。嫌われるのは避けたい。だから、他者に対しても「嫌いだ」という態度をとらない。「嫌い」といわない。「嫌い」という感情も抑える。

そうした道徳が身について、世の中から「嫌い」という言葉が失われかけている。

日本の社会ではこうしたことが日常化して、**つねに嫌われないように、すなわちつねに人を嫌わないように気をつけている。**それが毎日の大きな気がかりになっている。逆にいえば、ほとんどそれだけを考えながら毎日を過ごしているに等しい。

みんな仲良し社会は、嫌いの多様性を認めない

このような状況の背景にあるのは、日本の「みんな仲良し社会」だ。よくいわれるとおり、だいぶ薄れてきたとはいえ、日本にはまだまだ「ムラ社会」的要素が強い。集団主義と呼ばれることもある。

個人が自分の意見を主張することは少ない。同調圧力が強く、自己主張する人間は排除されがちになる。**周囲に遠慮して自分の意見をいわず、みんなに合わせようとする。**「みんな仲良くするべきだ」と考えて、一緒に行動し、みんなで気持ちを合わせる。はみ出すことをよしとしない。みんなが同じような価値観を持って遠慮しあい、気を遣いあう。だが、そこには**その価値観に合わない人間を排除する傾向がある。**それが日本の美徳であると同時に、日本の文化の弱点でもある。

第二次世界大戦後、日本のそのような傾向は否定的にとらえられるようになった。日本の和の文化が必ずしも美徳としてばかりとらえられなくなった。もっと自己主張するべきだ、同調圧力を改めるべきだと考えられるようになった。

だが、「嫌う」ということに関しては、考えが進展していない。一人一人が別のものを好み、同じ価値観を共有しなくても、少なくとも建て前としては許容されるようになったが、相変わらず、「嫌う」ということについては以前と変わりがない。いや、それどころか、嫌うことに対する圧力が高まったと感じられる。

一人一人の価値観が違い、同調圧力を減らすべきであるのなら、何が好きかが異なっても同調圧力をかけるべきでなく、それと同じように、何を嫌ってもそれを認めるべきなのだ。ところが、何が好きかについては認めあうようになったものの、嫌いな事柄については、タブーになったままである。

それどころか、**「好き」に関して多様化すればするほど、むしろ「嫌い」については許容範囲が狭くなったかのように**感じる。

「多様な好みを認めるべきである。同じものをみんなが一律に好きになる必要はない。どんなものにもそれが好きな人がいる。これまで、だれも好まなかったようなものでも、それを好きだという人がいる。それも認める必要がある。

ということは、**どんなことであってもそれを好きな人がいるのだから、それについて嫌いということはできない。それを嫌いというのは、それを好きな人を否定することにつな**

がる」

そのような論理なのだろう。そのため、以前にもまして、嫌いという感情が否定され、それを口に出せなくなってきたのだと思われる。

しかし、くり返すが、**何かを好きだということと嫌いだということは表裏一体だ。好きの多様性を認めるのであれば、嫌いの多様性も認める必要がある。**嫌いを弾圧することは許されない。

嫌うことは排除ではない

嫌うのはよいことだ、どしどし嫌うべきだというのが私の考えだが、嫌うと排除になってしまうと考える方もおられるだろう。

「嫌わないことによって、互いの価値観を認めあうことができる。嫌うことを認めると、本当に嫌ってしまって、人間関係がうまくいかなくなる。嫌いという感情を押し隠し、嫌う自分を抑制しているからこそ、コミュニケーションが成り立っている。嫌いと口に出していうようになると、排除になってしまう。悪口をいってよいということになると、いじめを肯定することになる」という論理だろう。
しかし、私はそうは思わない。**嫌うことは排除することではない**。むしろ逆だと思っている。

まず確認しておきたいのは、嫌うということは、何かを全否定することでも断罪することでも抹殺《まっさつ》することでもない、ということだ。

「嫌う」というのは、あくまでも個人の主観による。私がすっぱいものが嫌いなのは、あくまでも私の主観にもとづいて、私とすっぱいものは相容《あいい》れないということでしかない。

私はレモンが大嫌いだが、世の中にレモンを好む人が大勢いることはよく知っている。だから、レモンをこの世から抹殺しろといっているわけではない。レモンを好きな人は味のわからないろくでもない人間だといっているわけでもない。レモン好きは軽蔑《けいべつ》するべき人間だと主張しているわけではない。レモンという食べ物を劣《おと》ったものだと評価を下しているわけではない。

単に、私はレモンが嫌いだといっているにすぎない。

絶対的立場に立って自分の好まないものを下位に評価するのではなく、単に自分とは相容れないと感じるのが「嫌う」ということだ。

むしろ「嫌い」ということを認めず、みんな同じものが好きであるべきだという考えがあるからこそ、自分と異なるものを排除する。主観的な「嫌い」という感情にとどまっていれば、排除になりようがない。

悪口をいうのも、単に自分の立場から悪口をいっているにすぎない。

生徒が先生の悪口をいっているのは、その先生の指導能力が低いためになんらかの評価をおこなっているわけではない。先生として失格だといっているわけではない。単に「先生はぼくのことをわかってくれない。そんなつもりではなかったのに、先生に誤解されて叱られた」と、自分の立場からの悪口を語っているにすぎない。あくまでも、自分が相手と相容れなかったことについて不平をいっているにすぎない。

これでは排除になりようがないことが、おわかりいただけるだろう。

「嫌い」ということは、嫌いな存在として認めることだ。全否定することではない。見えないようにすることではない。嫌いなものの存在を抹殺することではない。

自分とは相容れない存在として認めることだ。

それなのに、嫌うということは、現在では全否定とみなされている。だれかを嫌うとその人を全面的に否定することとみなされる。自分が嫌われると、自分が全面的にその人に否定された気持ちになる。

だから、人を嫌うことができない。人から嫌われることをおそれる。本音をいうこともできなくなる。

しかし、嫌うということは、その存在を全否定することではない。私という主観がその対象を嫌っているにすぎない。それを理解しておく必要がある。

第2章　私のマーラー嫌い騒動

私はマーラーが大嫌い

私は60年ほど前からクラシック音楽鑑賞を趣味としている。コロナ禍《か》のためにコンサートが激減した時期をのぞいて、この十数年にわたって、毎年100回前後のコンサートやオペラに出かけている。ザルツブルクやバイロイトの音楽祭にも、それぞれ数回出かけたことがある。

CDも1万枚以上所有している。残念ながら感心してくれる人はほとんどいないが、ベートーヴェンの交響曲第9番のCDだけで、さまざまな指揮者の演奏を取り揃えて300枚以上持っているのが自慢《じまん》だ。多くの作曲家を愛し、多くの演奏家を尊敬している。

だが、もちろん嫌いな作曲家、演奏家もかなりいる。そのなかでも格別嫌いなのがマーラーだ。

マーラーはいわずと知れた後期ロマン派の大作曲家であり、クラシック音楽のコアな愛好者のなかにもマーラー好きが多い。ブルックナーとともに、交響曲好きの人気を二分しているといってよいだろう。

私が最初にマーラーを聴いて嫌いになったのは中学生のころだった。

当時、いっぱしのクラシック通のつもりでベートーヴェンやブラームスやブルックナーの交響曲に夢中になっていたが、マーラーの交響曲第1番「巨人」をテレビの音楽番組で聴いて、あまりのつまらなさに驚いた。こんなつまらない曲が名曲とされ、これをつくっている人が大作曲家として奉《たてまつ》られていることにあきれた。

とはいえ、尊敬できる音楽通たちがマーラーを愛し、マーラーの曲についてあれこれと論じている。それに引き換え、私は若輩者《じゃくはいもの》だ。きっと私の耳と知性に問題があるのだろうと思って、高校生、大学生のころ、レコードを購入したり、人に借りたりして、かなり理解する努力をした。

もちろん、交響曲はすべてくり返し聴いた。だが、**聴けば聴くほど嫌いになる。聴くたびにイライラする。音楽の展開やオーケストレーションに納得できない。生理的に気持ちが悪い。どうにも我慢できない。**

レコードショップに行って、レコードを探しているときに、スピーカーから音楽が聞こえてくる。なぜか気分がよくない。不快感が増し、我慢できなくなってくる。なぜだろうと考える。そんなとき、決まって、聞こえているのがマーラーの曲だと気づく。

あの支離滅裂《しりめつれつ》さ、あのナルシシズム、自分の私的な苦悩をまるで世界の苦しみのように大げさに嘆《なげ》いてみせる押しつけがましさ。そして、それよりなにより金管楽器で他愛ないメロディを奏《かな》でる無神経さ。それが我慢できない。

私には、マーラーは、5分で十分にいえるような内面を、大オーケストラを用いて1時間かけて演奏させる作曲家としか思えない。オーケストレーションもうまいとは思えないし、メロディも美しいとは思えない。

それからしばらくたったあるとき、マーラーの「子どもの不思議な角笛《つのぶえ》」という歌曲集が演目の一つとして取り上げられているコンサートに出かけた。マーラーの歌曲についてはよく知らないので、きっとこの曲は10分くらいで終わるのだろうと思い、休憩なしでメインの曲がはじまると思い込んで、最初からコンサートを聴いた。ところが、なんと50分ほどマーラーを聴かされるはめになった。

いやはや拷問《ごうもん》だった！

不愉快千万《せんばん》。何度席を立ちたいと思ったことか。何度耳をふさぎたいと思ったことか。だが、中央の席なので、途中で出るわけにもいかず、死ぬ思いで我慢した。

それ以来、**私はこれから先、マーラー嫌いとして生きていこうと思った。**

私のほかにも、私の周囲にはマーラー嫌いが何人もいる。有名指揮者のなかに、ブルックナーやリヒャルト・シュトラウスを得意としているのに、いっさいマーラーを振らない人も何人かいる。きっとマーラーが嫌いなのだろう。セルジウ・チェリビダッケのようにマーラー嫌いを公言して、罵倒《ばとう》している指揮者もいる。

私もマーラー嫌いの一員に加わる決心をしたのだった。

炎上ブログと衝撃的な書き込み

私は十数年前にブログを開設し、そこにクラシックコンサートの感想、映画やオペラ映像の感想などを載せている。これまで数冊の音楽入門書を書いている。雑誌記事を書いたこともある。そのなかで自分が大のマーラー嫌いであることを告白したこともあった。

数年前、ブログにもマーラーが嫌いであることを書いた。そして、私よりももっと専門知識のある方のなかにマーラー嫌いがたくさんおられると思うので、マーラー嫌いが集まって一冊の本をつくってはどうかと提案した。自分がどれほどマーラーが嫌いか、なぜ嫌いかを分析する本ができたら、とてもおもしろいだろうと思ったのだった。

ところが、ブログが炎上した。

私のブログなど、クラシック音楽やマイナーな映画についてばかり書いているので、読者はそれほどいない。だから、炎上といってもたかが知れている。だが、私のブログでは前代未聞《ぜんだいみもん》といえるほどに多くのコメントが寄せられた。

多くが、私のマーラー嫌いを批判する書き込みだった。マーラーのすばらしさ、マーラーを理解できない人間の知性や耳の貧弱さについて書いてくるものが多かった。

同時に、私のマーラー嫌いに賛同してくれる書き込みもあった。私の音楽の好みを分析してくれるものもあった。

それらについては、私はさほど気にならない。むしろ、マーラー好きの人が書き込んでくれるのはありがたいことだった。なかには、読むに値《あたい》しない罵詈雑言《ばりぞうごん》もあり、じつに情けないと思ったが、それはたいしたことではない。

私が衝撃を受けたのは以下の書き込みだった。

「貴方のことは2ちゃんねるでは（中略）マーラーのスレにも出てますよ。私は30年以上前にマーラーの音楽を好きになり、その後マーラーの合唱曲の演奏会に参加し、家内もその合唱団で出会ったので私にとってはマーラーは人生に大きな影響を与えています。作曲家の好みは自由ですが、それを公然と（２度も）書くことはその作曲家を好きな人達にとっては気分のよいものではありませんね。（後略）」

私がこの書き込みに衝撃を受けたのは、一見紳士的に書かれたこの文章の、あまりに高圧的な態度だった。

この人はわざわざ私が２ちゃんねる（現・５ちゃんねる）で攻撃されていることを教えてくれたうえで、「それを公然と（２度も）書くことはその作曲家を好きな人達にとっては気分のよいものではありませんね」と書いている。

つまりは、**私が、マーラーが嫌いだと書くことを禁じようとしている。**

この人は、まるで世界の大作曲家を自分の家族か何かのように思っているらしい。

もちろん、家族の一人であれば、私ごときにでも嫌いだなどといわれると、その家族は気にするだろうし、不快に思うだろう。（家族にももちろん、いろいろな場合があるだろうが）常識的に考えて、家族は一心同体だとみなされる。

だから、私も家族を前にしたら、まさか嫌いだなどとはいわない。家族でなくても、なんらかの関係者だったら、その人を「仲間」だと考えて、批判めいたことは我慢するだろう。

しかし、いうまでもなく、この方はマーラーの家族ではない。マーラーが好きだという だけで、その「仲間」でもない。生きている時代も違えば、たぶん民族も異なるだろう。それなのに、「悪口をいうな、マーラーを嫌いだと公言するな」という。これが言論弾圧でなくて何だろう。この人は、マーラーという歴史上の大作曲家を嫌うことを認めないというのだろうか。

閉じた空間をつくり、そこに属さない人間の感覚を否定し、それを抑圧しようとしている。しかも、自分の心の狭い高圧的な態度に少しも気づかず、自分が善良で高尚な趣味の持ち主だと信じている。

この人の思想のなかに、**自分と同じ好みの人以外は、それを口に出してはならないという意識があるようだ。**

好みの違いは別の見方を知る手がかり

くり返すが、私はマーラーが大嫌いだ。モーツァルト、ベートーヴェン、ワーグナー、ブルックナー、ブラームス、リヒャルト・シュトラウスをこよなく愛している。が、私の周囲に大のベートーヴェン嫌い、ワーグナー嫌い、ブルックナー嫌い、シュトラウス嫌いはたくさんいる。

とりわけ私はベートーヴェンとワーグナーが好きで、ほとんど崇拝《すうはい》しているのだが、それであっても、**ベートーヴェン嫌い、ワーグナー嫌いの人と話をするのは楽しい。その人がどんなところでベートーヴェンやワーグナーを不快に思うのかを知りたい。**

かつて、親友といえる存在が、大のマーラー好きで、大のブラームス嫌いだった。だが、会うたびに音楽談義を楽しんだものだ。いつまでも話が尽きず、とても愉快な時間を過ごすことができた。

モーツァルトはだれもが知る大作曲家であり、親しみやすく美しい曲をたくさん作曲している。モーツァルトを牛に聞かせると乳の出がよくなるといわれる。発酵《はっこう》する際にモーツァルトを聞かせたら、酒がおいしくなったという実験もあるという。
だから、モーツァルト嫌いはめったにいないのだが、あるとき、激烈《げきれつ》なモーツァルト嫌いの人の文章を読んで驚いたことがある。その方は、モーツァルトが流れると、蕁麻疹《じんましん》が出るほどに嫌いであり、あちこちでモーツァルトが流れるのに困っておられるとのことだった。

私はもちろんモーツァルトも大好きな作曲家だ。だが、ぜひこの人と一度お話ししたいと思う。この方がどのようにモーツァルトを聴いているのか興味深い。もちろん、排除したいなどとは夢にも思わない。モーツァルトの悪口をいうなとも思わない。むしろ、どこかで本としてまとめてほしいほどだ。

別の音楽観の人と話をするのは楽しい。その人が別の方向から音楽を聴いていることがわかる。私の気づかないことに気づいている。私が軽視している点を重視している。互いの音楽観の違いがどこにあるのか、相手が、そして自分が音楽というものをどうとらえているのかを知る手がかりになる。

そして、ベートーヴェンについて、ブラームスについて、マーラーについて理解が深まる。自分がマーラーを嫌いな理由もだんだんと明確になっていく。これが音楽談義というものだ。

私と同じような感覚を持っている人とワーグナーやベートーヴェンの話をしても、何も発展がなく、何の発見もない。もちろん、それはそれで**意気投合する楽しみはあるが、それは自分の感覚を確かめているだけ**であって、それ以上ではない。それほどの楽しさを感じないだろう。

だが、**好みの違う人と話すことによって、別の見方ができる。それこそ楽しいではないか。**

そうした音楽談義を否定して、自分の好きな音楽に対する批判を封じ、だれかがそれを嫌いだというたびに気を悪くしていたら、何も話ができないだろう。それこそ、コミュニケーションの拒否にほかなるまい。

「好きなものをけなされたくない」という根強い意識

あるとき、ネットを見ていて、もっとひどい書き込みを見つけて驚いたことがあった。

それは、Yahoo! 知恵袋の中にあった。

dak******* さん 2015/12/23 20:07:06

自分は、クラシック音楽の作曲家で、グスタフ・マーラーが大好きなのですが、「マーラー嫌い」で検索すると、「樋口裕一」という多摩大学教授で本も書いているおじいちゃんがブログで、マーラーの悪口ばかりいって、マーラー嫌いの人達の知恵を借りて本を出したい、とかいっていて、正直、この樋口裕一、が嫌いでウザくて仕方ありません、同じ気持ちでいるマーラーファンの方いませんか？何でこんな人が大学教授なのかも分かりません、ブログも面白いと思いません、本も書いているみたいですが全く興味ありません、この樋口裕一さんの悪口を皆さんも2チャンネルや知恵袋でいってくれたら幸いです。樋口裕一、ネット界から消えて欲しいです。

この中学生的な文体には覚えがある。私のブログ記事の数十ヵ所に、私を中傷《ちゅうしょう》する同じ文面の書き込みがなされたことがあった。その人物はその後も二度ほど、かなり幼稚な言葉で私に対する罵詈雑言を投げかけていた。書かれている内容、文体から見て、この知恵袋も同一人物だと考えてよさそうだ。

この書き込みは、私がマーラーを嫌っていることに対する仕返しだろう。

本人としては、私がマーラーに対してしているのと同じことをしているつもりなのだ。私がマーラーを嫌いで、マーラー嫌いの人を結集して本を書こうと呼びかけているのに対して、この人は、私を嫌い、私に対する悪口をネット上にみんなで書こうとしているわけだ。

きっとこの人は気づいていないのだろう。この人は、私ごときをマーラー並みに扱ってくれており、ある意味で、私にとっては光栄なことだ。だが、もちろん、私のマーラーに対する態度と、この人の私に対する態度は根本的に異なる。

私は、マーラー嫌いの人が結集して、マーラーのどこが嫌いかを分析的にとらえることを求めていた。マーラーの悪口をいいまくるのではなく、マーラー嫌いから見たマーラーの本質的なものを探ろうとしていた。

ところが、この人は、「この樋口裕一さんの悪口を皆さんも2チャンネルや知恵袋でいってくれたら幸いです」と書いて、みんなで私の悪口を書いて憂《う》さ晴らしをしようとしている。

もっと肝心《かんじん》なのは、**私はマーラーに対して、音楽界から消えてほしいなどとは思っていないことだ。排斥《はいせき》することなどみじんも考えていない。**

マーラーという私の大嫌いな大作曲家が存在し、それを敬愛する愛好者が山のようにいることは承知している。そのうえでマーラーを嫌う人の集《つど》う本を企画している。

それに対して、**この人は、**「樋口裕一、ネット界から消えて欲しいです」と書いている。**まさに私をネットから追い出そうとしている。つまりは、排除を呼びかけている。**

私は主観的な立場からマーラー嫌いの考えをまとめようと呼びかけているだけなのに対し、この人は私を断罪し、私の存在価値を否定し、私をネットの世界（きっと、この人にとっては世界そのものなのだろう）から抹殺《まっさつ》しようとしている。

この知恵袋の質問に対しては、以下のような回答が寄せられている。

「ベストアンサー

思想信条の自由、表現の自由がありますから、ムカついても、どうにもなりません。

まあ有名な人にはアンチはつきものなので、仕方ないのでは?」

きわめて常識的で妥当な回答だろう。

つまりはこの質問者は、まさしく思想信条の自由を否定し、表現の自由を否定しているわけだ。回答者はそれをやんわりと指摘している。

ところで、この質問者の考えは、先のブログへのコメントをくれた方ととても似た考えにもとづいているといえるだろう。年齢と知性にはかなりの差があるかもしれない。だが、かなり年齢が上で分別《ふんべつ》があると思われるブログのコメントをくれた方も、結局は同じことを語っている。

つまり、**自分と異なった意見の弾圧、自分と好みの違う人間の排除**だ。

自分の書き込みが民主主義社会の大原則である「表現の自由」「思想の自由」「多様な価値観を持つことの自由」を否定するものだと気づかずに、あるいはそれほど基本的なことについても知らずに、プリミティブな意見を率直に書いている知恵袋の質問者と同じように、「思想信条の自由」を否定し、「表現の自由」を否定している。中学生的で率直であるだけに、こちらのほうがわかりやすい。

これほどまでに「嫌いだ」という表明は攻撃対象にされているということだ。

そして、ここに表れているのは、これほどまでに**根強い自分の好きなものをけなされた**

くないという意識だ。

まるで2015年、フランスのシャルリー・エブド紙にムハンマドの風刺画を描かれてテロを起こしたイスラム過激派のように、自分の敬愛するものが批判されることを許そうとしない。ムハンマドのような聖なる預言者だけではなく、一人の芸術家までも、批判してはならぬ存在とみなしている。

おそるべき不寛容というしかない。まさにこのような人たちが、「嫌い」と口にすることをためらわせる風潮をつくっているのだろう。

第3章　「嫌い」が人間を成長させる

「嫌い」は自他を見つめる第一歩

第1章で、私は「嫌い」という感情が人間に不可欠であることを説明した。本章では、不可欠であるばかりか、「嫌い」という感情が人間を高めることを説明したい。

昔のことをまず思い出していただきたい。

小中学生の時代、クラスのなかに嫌いなクラスメートがいただろう。嫌いな先生がいただろう。ところが、自分があんなに嫌いな人間なのに、その人と仲良くしているクラスメートがいる、自分が嫌いな先生なのに、その人を慕《した》っているクラスメートがいる、そんなことに気づいたことはないだろうか。「なんであんなやつと仲良くできるんだろう」と不思議に思わなかっただろうか。

子どものころ、だれもがテレビの話をするだろう。好きな番組、好きなアニメの登場人物、好きな歌手、好きな俳優がいただろう。同時に嫌いな番組、嫌いな登場人物、嫌いな歌手、嫌いな俳優もきっといただろう。子どもなんてみんな同じようなものを好むものだ。ところが、自分が大嫌いな歌手を大好きだと思っている友人がいたりする。ほかの人も自分と同じようなものだと思って話しているうちに、自分とまったく好みの異なる人がいるのを知って驚くことがあったはずだ。

科目についても同じようなことがいえる。自分は算数が大嫌いなのに、算数の時間になると張り切って活躍するクラスメートがいる。自分は体育が大嫌いなのに、体育が大好きなクラスメートがたくさんいる。

さまざまなことについて率直に話をするときも、間違いなくそういう意見の食い違いが出てくる。**好き嫌いが人によって違うのだということに気づく。そうやって自分と他人との違いに気づいていく。**

なぜ自分はあのクラスメートが大嫌いなのに、その人と気が合う人がいるのか。
なぜ自分はあの俳優が大嫌いなのに、そうでない人がたくさんいるのか。
あれほどイヤなやつなのに、なぜあんなに人気があるのか。
なぜ自分は数学が嫌いなのか、なぜ自分は図工が嫌いなのか——。

そんなことを**考える。それが自分を見つめ、他者を見つめる第一歩になる。**

もちろん学校の科目であれば、好き嫌いについて話をしなくてもおのずと成績でわかる。だが、友人関係やテレビ番組やスポーツについては、人と話をして好きか嫌いかを語りあって初めて、その違いに気づく。

自分の嫌いな俳優何人かの共通点を考えてみる。そうすることによって、

「おれは偉そうにしている人が嫌いなんだ」

「乱暴な子が嫌いだ」

「人に何かを押しつけるようなタイプの人が嫌いなんだ」

「目上の人に媚《こび》を売るようなタイプの人が嫌いなんだ」

といったことに気づく。

同時に、他人の傾向にも気づく。友人がどのようなタイプの人を好み、どのようなタイプの人を嫌うのかがわかってくる。つまりは、その友人がどのような人なのかもわかってくる。

そうすることによって自分の性格、自分の考え方、他者の考え方、自分と他者の違いなどについてだんだんとわかってくる。

つまりこれは自己省察、内省のはじまりだ。

私の嫌いな偉大な芸術家たち

私自身のことを話そう。私は小学校５年生のときにクラシック音楽が大好きになった。学校の音楽の授業の時間に聴いたロッシーニ作曲の「ウィリアム・テル」序曲に感激して、親に小さな電気蓄音機と「ウィリアム・テル」序曲のレコードを買ってもらって、それをきっかけにレコードが擦《す》り切れるまで音楽を聴くようになった。

それ以来、クラシック音楽を聴き、音楽に人生を支えられて生きてきた。

小中学生のころは、自分が好きな曲は、ほかの人も真面目に耳を傾ければ、だれもがたちどころに好きになるにちがいないと思っていた。いまになってみると、やっかいな子どもだったと思うが、私は家に遊びにくる友人みんなにレコードを聴かせた。私の家にくる友人は、私に音楽を聴かされるのを覚悟してやってきていたようだ。

ところが、私の大好きな曲を好きだという人は多くない。

それどころか、「いい曲だね」といってくれるのは、モーツァルトやチャイコフスキーの曲くらいで、ワーグナーやブルックナーとなると、ほとんどの人が拒絶反応を示す。べートーヴェンやブラームスさえも退屈《たいくつ》だという。

あるとき、好みの曲の裏面に録音されている、私がじつにつまらないと思っていた「マドンナの宝石」という曲を聴いて、いたく気に入った友人がいたのでとてもびっくりしたのをいまでも憶《おぼ》えている。

いったいこれはどういうことだろう。小学生のころから私は考えざるをえなかった。

高校生になってからは、私の疑問は先ほど述べたマーラーだった。

私にはあれほどつまらなく聴こえるマーラーに、なぜ多くの人が心酔するのか。私にあれほど低レベルに聴こえるものを、なぜ私が信頼する人々が哲学的な深いものとみなすのか。私とマーラー好きにどのような違いがあるのか。私と同じようにマーラーを大嫌いという人がいるが、その人たちにどのような共通点があるのか。そのようなことをしばしば考えた。

それは私にとって大きな糧《かて》になっている。それを考えることによって、私は、自分が好きなものが何なのか、自分はいったいい音楽に何を求めているのか、そもそも音楽に感動するとはどういうことか、同じものに感動しないとはどういうことか、そのようなことを考えた。

私が嫌いだったのはマーラーだけではない。私は中学生のころ、初めて読んだころから、ジードの小説が理解できなかった。

いや、理解できないとか、わからないとかではない。率直にいって嫌いだった。とりわけジードの『田園交響楽』や『狭き門』を読むと腹立たしくなり、反吐《へど》が出るほどのいやみを感じた。

あの不思議な潔癖《けっぺき》性、あの少女的なプラトニズムが我慢ならなかった。私は大学院で20世紀フランス小説を研究対象にしていたので、修士論文を書くのに必要なため、ジードの作品はそれなりに読んだが、いつになっても不快感はぬぐえなかった。『法王庁の抜け穴』や『贋金《にせがね》つかい』などを読んでも、「なんでそんなつまらないことをテーマにするんだろう」とあきれるばかりだった。

そのほか、私は川端康成《かわばたやすなり》が嫌いだ。

文章のうまさには舌を巻くが、内容についてはまったくおもしろいと思わない。読み進むのが苦痛になる。日本的感性なのかもしれないが、それが鼻につく。

そして、谷崎潤一郎《たにざきじゅんいちろう》の『細雪《ささめゆき》』が大嫌いだ。谷崎という作家は嫌いではないのだが、『細雪』は何度読んでも主人公たちを不快に感じる。

そのほか、あえて名前を挙げないが、大嫌いな映画監督もいる。大嫌いな指揮者も何人かいる。

いうまでもなく、ここに挙げた人たちは歴史的な作品を残した偉大な芸術家たちだ。だが、私には我慢ならない。どこに我慢ができないのか、私はしばしば分析的に考える。いまだに答えは出ないが、つねにそれを考えつづけている。

「嫌い」には理由がある

嫌いなのは偶然ではない。食べ物ですら偶然ではない。

私はすっぱいものが大嫌いだが、その原因はきっと遺伝にある。母も、そして母の父親、すなわち私の母方の祖父もすっぱいものが食べられなかった。酢の物は残し、酢をかけるなどということはいっさいせず、もちろんレモンや梅干しなどは存在しないも同然だった。

何にでもカボスをかける習慣のある大分県に暮らしてはいたが、祖父と母と私はそれとは無縁だった。

私は猫が大嫌いだ。きっとこれは子どものころのトラウマが原因だ。

少し前まで甘えていた子猫が、私が数時間して戻ってきたときには、車に押しつぶされ、血だらけで泥にまみれていた。それ以来、猫を見るたびに私は恐怖におののく。

芸術作品は作者の世界観を示している。作者の人間性を投影している。虫の好かない人間がいて、虫酸《むしず》のはしる人間がいるのと同じように、虫酸のはしる芸術がある。その作品の発する世界観に我慢できないからだ。

私の持っている世界観、思想と相容れないために我慢できない。

自分の世界観が危機におちいるような気がしたり、真っ向から否定されているような気がしたり、ときにはかつて私が憎んだ人間と同じような要素をその作品のなかに嗅《か》ぎ取ったりして、作品を嫌う。

では、**その世界観はどのようなものなのか、どこに好きな人の世界観との違いがあるのか。**どうしてもそこに意識がいく。評論を読み、哲学書を読む。思考が高まっていく。

もちろん、好き嫌いが変化することはある。

たとえば、私はいまではリヒャルト・シュトラウスという作曲家が大好きであり、とりわけそのオペラ作品や声楽作品は涙を流して聴くことが多い。「サロメ」「エレクトラ」「ばらの騎士」「ナクソス島のアリアドネ」「影のない女」「四つの最後の歌」などは人類の宝だと考えている。

だが、聴きはじめのころ、マーラーと同じように嫌いだった。「ばらの騎士」組曲を聴いて、そのあまりの豊饒《ほうじょう》さに辟易《へきえき》した。締まりのない、だらしのない音楽に聴こえた。そのあと、「サロメ」の「七つのヴェールの踊り」を聴いて、こちらのほうはいたずらに刺激を求める扇情《せんじょう》の音楽に聴こえた。だが、何度か聴くうち、その魅力の虜《とりこ》になった。

このように、嫌いだった作曲家や作家が、なじむうちに好きになる例もいくつもある。逆もある。私は学生のころ、ダリの絵が好きで、画集を買い、展覧会でもダリの絵が含まれていると知って足を運ぶことが多かった。だが、パリを訪れた際、たまたまダリの作品を大量に集めた展覧会を見て、いっぺんに嫌いになった。大量のダリの絵を見るうち、それがいかにも底が浅いと感じはじめたのだった。

恋愛ドラマなどでも、嫌いあっていた男女がちょっとしたことで急接近して愛しあうようになるというストーリーがしばしば描かれる。それと同じように、**好きと嫌いは表裏一**

体なので、ちょっとしたことで、逆転することがあるようだ。

だが、そうしたこともまた、偶然ではない。理解が深まったり、自分が変化することによって、嫌いが好きになったり、逆になったりする。それはなぜなのか、どこが変わったのか、意識的にならざるをえない。

自分のなかで、あるいは目に見えるところで、そうしたことが起こる。自分はなぜ、それまで嫌いだったのが突然好きになったのか、何についてのとらえ方が変化したのかを考える。

そうすることで、自分を見つめることになる。対象を深く理解することにもつながる。

自分を見つめない人は目標もできない

大学に勤めていたころ、学生たちの就職のための志望理由書や自己推薦書を指導する機会があった。また、入試委員として大学を志望してくれる受験生の志望理由書を見たり、受験相談に乗る機会も多かった。

そんなとき、私がとても不思議に思ったのは、かなり多くの人が、

・自分が何に向いているのか

・自分は何が好きなのか

・何をしたいと思っているのか

を明確にとらえていないことだった。

就職希望の大学生に対して志望理由書の書き方を指導する。ところが、そもそも志望先が決まらない。どの方面の仕事をしたいかもはっきりしていない。何に関心があるかを聞いても答えない。

初めは、自分の素直な思いを相手に伝えるのが恥ずかしくて、言葉をにごしているのかと思っていた。だが、くわしく聞いてみても、その人たちは自分のことをまったく理解していない。

20年以上生きているにもかかわらず、自分を見つめたことがなく、自分が何が好きかもわからず、自分が何に向いているのかもわからない。

研究職に向いているのか、営業職に向いているのか、一般事務に向いているのかさえも認識していない。いうまでもなくその人たちは、**自分のことだけでなく社会についても明**

確に考えていない。

第1章で説明した、好きなものと嫌いなものを書くアイスブレイクのワークを、就活を控えた学生にやらせてみたことがある。5項目以上、好きなものと嫌いなものを書いて、それをグループで見せあい、コミュニケーションのきっかけにしてもらうわけだ。好きな(そして、嫌いな)動物やタレントや科目や仕事やスポーツなどを書くように指示した。

私だったら、嫌いなものに、「すっぱいもの、猫、ネズミ、スポーツをすること、マーラー」と書くという例も示した。もちろん、嫌いなものはほかにもたくさんあるので、その気になればまだまだ書ける。

ところが、これをやると、社会人のグループワークの場合でも5人に1人くらい、なかなか埋まらない人がいる。そのような人は、好きなものはいくつか書くが、嫌いなものに対しては手が止まってしまう。

就活に苦労している大学生を相手にすると、その比ではなくなる。とりわけ、「何をしたいか決まらない」と語っていた人の多くが、好き嫌いの表を、ほんの1、2項目を書いただけで、白紙に似た状態のままにしてしまう。

日常生活の好き・嫌いを考えたことのない人間が、人生の目標を持っておらず、意識的に生きることができていないと実感したのだった。

「嫌い」がわからなければ「好き」もわからない

では、そのように、自分が何を好きか、何をしたいかわからずにいる若者に対して、どう対応するか。

先ほどのアイスブレイクに私自身も参加することがある。まずは、「好きなもの・嫌いなもの」の表をグループ内で交換しながら、たわいない話をして垣根を取り去り、遠慮なく話ができるようにする。

若者には、好きなものとして、「ゲーム」や特定の音楽グループや歌手、スポーツなどを挙げる人が多い。なぜそれが好きなのかを尋ねてみる。ほとんどの人が言葉に窮《きゅう》する。せいぜい、「なんとなく」「楽しいから」「子どものころからしていましたから」といったことしか答えない。「全部好き」というような、恋愛のときに口に出しそうな答えが返ってくる。

一方、嫌いなものについては、「ゴキブリ」「虫」「ヘビ」などが多い。そんなとき、「なぜですか？」と尋ねると、「黒くて光るところが気持ち悪い」「前に、台所で見たことがあって……」などと話してくれる。こちらのほうは、「好きなもの」を聞いたときと違って、話が具体的になる。

たしかに、「なぜ好きなのか」は答えづらい。これについては「なんとなく」と答えるのもわからないでもない。

たとえば、私はフェルメールの絵に心惹《ひ》かれるが、絵画にうとい私はそのどこに惹かれるのか説明できない。テクニックについても美術史的意義についてもよくわからない。ただ惹かれるとしかいえない。

好きだということは、恋愛と同じように説明がむずかしい。それこそ、「全部好き」などといってしまう。あるいは、画家の場合には、「この絵とこの絵が好き」と答えることになる。**なぜ好きかなどは説明できない。**

しかし、「嫌い」という感情はどうだろう。

嫌いなものは神経を逆なでする。なぜ神経を逆なでするのかは説明しやすい。

ある絵が嫌いだとして、たとえ美術に関する知識がなくても、「あの暗い色調が嫌だ」「顔の表情が気持ち悪い」「構図に不安を覚える」など何かしらの説明ができるだろう。**好きよりも嫌いのほうが分析の手がかりになりやすい。**

私も、なぜ自分がワーグナーやブルックナーやリヒャルト・シュトラウスが好きなのかを考える場合に、マーラーが嫌いだということが手がかりになった。

音楽史では偉大なワーグナーの影響を受けて、ブルックナーとマーラーとシュトラウスが次の時代に活躍したことになっているが、三人はワーグナーから何を受け継いだのか。なぜ、私はほかの二人が大好きなのに、マーラーだけ大嫌いなのか。マーラーの特性とは何か。それを知ることによって自分の好きなものをより分析的にとらえることができるようになった。それだけでなく、自分の主観を基礎にして、音楽史の一幕についても考察できる。

嫌いなものがなければ、好きなものも明確にできない。

自分の好きなものを明確にできず、なぜ好きか答えることができないのは、「嫌いなものを持たないから」ということにほかならない。

好きなものと嫌いなものは表裏一体である。それを考えることによって、それはまた自分を考えることにつながる。

私は、就職活動で自分の方向性が決まらず、自己省察ができていない人は、「自分は何が好きなのか」と同時に「自分は何が嫌いなのか」を反省的に考える経験の少なかった人たちだと思う。だから「自分は何者なのか」がわからない。

このように、嫌いということを梃《てこ》にして、さまざまなことが見えてくる。内省が深まり、自分と社会との接点も意識化することにつながるといえるだろう。

嫌いな人は反面教師

「嫌い」ということは、いうまでもなく、「反面教師」の役割も果たす。

ある人物が嫌いということは、そのような人間になりたくないということを意味することが多い。だから、自分はそれとは別の方向、しばしば正反対の方向に向かうことになる。

自分の嫌いな人はある意味で、**生きるためのモデルを提供している**ことに通じる。

私は自分の卒業した高校が大嫌いだった。

田舎の進学校で、坊主頭を強制され、厳しい校則に少しでも違反すると、正座させられたり、立たされたりして、ときに頭などをひっぱたかれることもあった。

成績に順番をつけられ、必死で勉強することを強《し》いられ、たくさんの参考書を頭に詰め込むことを強制され、悪い成績をとった生徒たち（もちろん、そのなかに私も含まれていた）は先生に「おまえたちがクラスの平均点を下げている。恥を知れ」といって叱《しか》られ、そうした風潮に反抗すると人間失格者のように扱われた。

私は学校を嫌い、それを支える先生たちを嫌った。将来、教育にかかわる仕事をするようになっても、絶対にそのような教師にはならないと誓《ちか》った。

私がいまでも、規律優先や詰め込み重視の教育がなによりも嫌いなのには、その影響がある。

多かれ少なかれ、そして、意識するにせよしないにせよ、多くの人が、尊敬する好きな人をまね、嫌いな人を反面教師にして、人生を選択してきただろう。いや、それどころか、私が教育関係の仕事をしているのも、そのときの経験があるためかもしれない。

嫌いな先生を頭に置き、それに対して、好きな先生を対置させて、自分だったらどのように教えるかを考えているうちに、教育に関心を持ったのも間違いのない事実なのだ。そして、だれしも同じようにして、自分の進むべき道を決めるのだろう。

その場合の、嫌いな人の役割はじつはとても大きい。

「嫌い」は生きるエネルギーをもたらす

嫌いだということを明確にすることによって、自己省察できるだけでなく、もう一つ大きなメリットがある。

それはエネルギーをもたらすことだ。

きわめて日常的な場で、嫌いな人間がいたとする。いやみな人間で偉そうにしている。そんなとき、その人間の鼻をへし折ってやりたい気持ちにならないだろうか。

私自身にも嫌いな人間がいた。高校生のときに知りあった同級生だ。

私よりもずっと勉強ができ、私よりもよい大学に合格し、私よりもずっと早く社会的に成功し、私のことをあからさまに見下していた。

私自身は、その男よりも優れたところがないでもないとは思っていた。だが、その男は私がもっとも得意としている分野においても、自分のほうが優れていると思っていた。思っているだけでなく、それを態度に表していた。それを知るたびに私は不愉快だった。

本人は意識していないのかもしれないが、侮蔑《ぶべつ》的な言葉を浴びせられたこともある。私は内心ムッとした。

だが、おかげで意欲が出たのも事実だった。むざむざと侮蔑されたままになってたまるかと思った。**私の存在を示してやりたいと思った。負けたくないと思った。**

いわば、彼は私にとっての仮想敵だった。親しくつきあったわけではないので、ライバル（好敵手）とはいえないが、まさしく敵だった。

嫌うということは敵を持つことにつながる。よくいわれるように、一つの国の内部でごたごたが起こると、外に敵をつくる。そうすると、エネルギーが外に向いて、全体がまとまる。

それと同じように、敵を持つことによってエネルギーが外に向かう。嫌いなものを持つことによって、そこにエネルギーが集中する。いわば、**嫌うことによって仮想敵が生まれることになる。はりあいができる。当座の生きる目標ができる。**

もし私が、先ほどの彼に対して「嫌い」という意識を持たずにいたら、どうなっていただろう。彼が私を侮蔑するような言葉を吐《は》き、私よりもすべての面で優れているように見せていたとき、私が彼に対する「嫌い」という意識を自分で抑え、嫌ってはならないと思っていたら、私はどうなっていただろう。

きっと、私は、彼のいうことを受け入れ、自分がすべての点で劣《おと》っていると納得し、うなだれ、自己否定におちいっていただろう。だが、私は彼を嫌うことによって、「敵」として認識し、それに打ち勝とうとする力を持てたのだった。

「嫌い」という感情は、相手に降参せず、相手に歯向かおうとする意識をともなうことが多い。相手に嫌悪《けんお》を覚え、それに抵抗を感じている。それは生きる気力でもある。

きっと生きる気力をなくした人は、嫌うエネルギーをなくした人だろう。人を嫌っているということは、エネルギーを持って生きていこうとしているということだ。

たびたびベートーヴェンを例に出しているので、ここでも再びベートーヴェンを取り上げよう（この原稿を書いている２０２０年は生誕２５０年の記念すべき年であり、ベートーヴェンの作品がさまざまな演奏家によって取り上げられる予定だったが、新型コロナウイルス感染の影響により大半が中止になった。残念！）。

多くの人がベートーヴェンの音楽に凄《すさ》まじいエネルギーを感じるだろう。よくも悪くも、それがベートーヴェンの特徴だ。

なぜ、これほどまでのエネルギーにあふれているのか。本書のテーマに即していえば、**それはベートーヴェンがさまざまなものを嫌っていたからだ。**

よくいわれるとおり、ベートーヴェンはフランス革命精神の申し子だった。貴族社会を嫌い、教会の束縛《そくばく》を嫌い、卑俗《ひぞく》な人間社会を嫌って、昂然《こうぜん》と自分の世界を築いた。それまでの教会のための音楽、貴族のための音楽を嫌って、芸術のための音楽を作曲しつづけた。神にも王侯にも従属しない精神を追求した。

ゲーテと散歩していたとき、向こうから歩いてきた貴族の行列に対して、ゲーテが立ち止まってお辞儀《じぎ》をしたのに対して、ベートーヴェンは胸を張って通り過ぎ、貴族のほうが挨拶《あいさつ》をしたという有名なエピソードが残されている。

また、フランス革命の申し子であるナポレオンに交響曲第3番「英雄」を捧げようと考えていた矢先、ナポレオンが皇帝に就いたというニュースを聞いて激怒し、激しい筆致でナポレオンへの献辞を書き直した話は有名だ。まさに、尊敬するナポレオンに裏切られたと感じ、ナポレオンを嫌ったのだった。

ベートーヴェンは耳の病《やまい》におかされ、ほとんど音が聞こえなくなるなか、自分の運命を呪《のろ》いながら、まさしく周囲の多くのものを嫌いながら、それらを敵として闘ったのだった。だから、あのエネルギーがある。人の魂《たましい》を奥底から揺るがす力を持っている。

あの交響曲第５番（運命）の冒頭の「タタタ・ターー」の音が、私には「キライ・ダー」と聴こえる！

といってしまうと誇張になるが、そう聴こえるとしても、あながち間違いではない。まさにあの音は嫌いなものを明確にし、それと闘い、自分の信じる道を突き進もうとする音楽だったといえるだろう。

このベートーヴェンの生き方こそ、嫌いなものがいかに人間にエネルギーをもたらすかの大きな証左《しょうさ》となるだろう。

なお、ついでにいうと、私がなぜ子どものころから、さまざまな嫌いなものを持ち、自己主張をかなりして、本書のような本を書くようになったか。もちろん、ベートーヴェンの影響だった。

私の両親は典型的な地方人で、だれよりも周囲を気にし、だれも嫌わず、だれからも嫌われないことを願い、遠慮し、気づかいし、自己主張せずに生きている人間だった。

小学校6年生でベートーヴェンに目覚め、中学生のころにはベートーヴェンの交響曲を必死に聴いていた私は、そのような両親のように生きることを嫌い、徐々に現在のような価値観を持つようになったのだった。

「嫌い」を克服すると「大人」になる

私は嫌いなものを必ずしも克服《こくふく》する必要はないと考えている。嫌いなままで少しもかまわない。すっぱいものが嫌いだったり、ヘビが嫌いだったりしたとして、それを克服することが偉大なことだとは必ずしも思わない。

だが、なんらかの形で**「嫌い」を克服すると、間違いなく、その人はひと回り大きな人間になる。**

たとえば、現代では他人《ひと》任せにしているさまざまの社会的行為（生産行為、ごみ処理、料理のための動物解体、下水処理、葬儀《そうぎ》の執行、近隣トラブルの解決など）を、かつては大人たちが自分でおこなっていた。

私が子どものころ、田舎の家庭では、何かの祝いごとがあると、大人たちが庭に飼っていた鶏を殺し、解体したものだ。子どもはそれを遠巻きにして眺《なが》めていた。

私も、首をちょん切られた鶏がバタバタと歩いているのを見た記憶がある。それ以来、しばらくは鶏肉を食べることができなくなった。

困った人物が現れてトラブルを起こしても、警察が出てきて仲介することはなかった。弁護士なども現れなかった。村の顔役がやってきて、言い分を聞き、酒を飲ませ、いい含め、ときには自分が憎《にく》まれ役になって解決した。

葬儀ももちろん、葬儀屋の指示に従ってではあるが、自分たちで用意した。家族で遺体を浄め、棺桶に入れ、火葬場に運んだ。悲しい思いを噛《か》みしめながら儀式をおこなった。

大人たちもこうしたことを喜んでやっていたとは思えない。きっとだれもが嫌う仕事だっただろう。いやいやながら、大人のやるべきことと考えてやむを得ずおこなっていただろう。

だが、そのような営みをおこなうことによって、大人になり、権力を持たされ、他者を差配できるようになったのだ。それらはある種の通過儀礼だったともいえるかもしれない。

こうしてかつての人々は、嫌いなことを克服して、社会人として一人前になっていった。

現代人は、嫌いなものを見なくてすむようにしている。動物の解体も葬儀も業者任せにする。トラブルも警察に任せたり、専門部署に任せたりする。社会に守られ、ぬくぬくと暮らしている。嫌いなものを見ないふりをし、それに触れようとしない。

動物解体にいたっては、そのようなことがないかのように振る舞っている。まるで肉というものが初めからスーパーのパックに入っているかのような錯覚のなかで暮らしている。

「現代人は、社会に出る前に学ぶことが多くなりすぎて、いつまでも大人になれない」

「高齢化し、長寿になったために、大人になりきれない人が増えている」

などといわれるが、それは間違いだ。

むしろ、**嫌いなことをしないですますようになり、大人としてしなければならない行為を自分でやらずに外部に委託するようになったために、大人になりきれない人間が増えてきたのだ。**

現代社会で動物解体や下水処理を自分でおこなうのは、実際にはむずかしい。そのようなことをわざわざしたのでは、それこそ妙な目で見られるだけになってしまう。

また、トラブル処理も、プロに任せるほうが危険度が少ない。自分でおこなおうとしたら、火に油を注ぐ結果になりかねない。

だが、もっと小さな嫌いなこと、たとえばトイレ掃除やごみ処理などを率先しておこなうこともまた、間違いなく自分をひと回り大きくすることにつながるだろう。

嫌いなことを克服するのには、このような効果があることを忘れてはならない。

第4章　拒絶・排除にならない上手な「嫌い方」

先に述べたとおり、「嫌い」は排除ではない。あくまでも共存だ。人間には、好きなものも嫌いなものもある。さまざまな人間がいて、好きなものと嫌いなものが異なる。世界には好きなものと嫌いなものが混在している。

したがって、いくら「嫌い」だからといって、それを「排除」にしてはならない。とりわけ、ある人物が嫌いだからといって、差別や排除をおこなってはならない。

以下、本章では、排除につながらないための行動原則を示す。

第1原則　感情にとどめる

排除にしないための第1原則、それは、**嫌いというのは、あくまでも感情であって、行動をともなわせてはならないということだ。**

もちろん、嫌いであることを公言するのは原則として悪くない。それは思想の表明にほかならない。だが、だからといって排除するための活動をしてはならない。あくまでも公言にとどめる必要がある。

嫌いだからといって、その人物を仕事から外したり、その人の発言を封じたり、なんらかの集まりでのけ者にしたり、あるいは面と向かっていやがらせをいったりしてはならない。そのような行為をともなうと、それは「嫌い」「嫌いの表明」というレベルを超えて、いやがらせ、あるいはハラスメント行為になってしまう。

少人数のグループで、そのリーダー格の人間が中心になって数人でグループの一人を嫌ったとする。嫌いだけでなく、それを口にしたとする。この場合、たとえその意思はなかったとしても、口にすることが行動を引き起こし、ターゲット排除に向かう。ターゲットになった人間はつまはじきにされ、孤立し、何もできなくなり、人格を否定されるだろう。それは、単に嫌うというのではなく、まさしくいじめにほかならない。

一対一でも同じことがいえる。

一人の権力のある人間が目下の人間を嫌って、仕事を与えなかったり、発言権を奪《うば》ったり、その人の仕事を認めなかったりしたら、それも排除になる。その人は、評価を与え、懲罰《ちょうばつ》のような形で自分の感情を行動に移すことになってしまうからだ。

したがって、たとえどんなに嫌いであっても、それが実際の行動をともなわないように配慮しなければならない。

第2原則　客観をよそおわず、主観で語る

「嫌い」とはあくまでも主観的なものであって、客観をよそおってはならない。「嫌い」とは、前にも語ったとおり、自分の主観において対象を受け入れることができない、相容れないということにほかならない。

つまり、**私個人としてその事象なり人物なりが我慢できないということ**なのだ。あくまでも、個人の立場による感情であって、客観的にその事象や人物に裁定を下しているわけではない。**もちろん相手の存在を否定しているわけではない。**これは大きな違いだ。

食べログなどのレストランや、楽天、アマゾンなどのレビューにも、「嫌い」が「排除」に結びついている状況が見える。

レストランなどで、おいしくなかったのであればそう書けばよいのに、ときどき、「レストランとしての価値がない」「味の基本ができていない」「初めから修業をし直すべきだ」といった記載が見られる。

アマゾンなどの書物のレビューでも、「小説として成り立っていない」「読む価値がな

い」「出版する価値がない」などと書き込んでいるものもある。

その人たちはまるで神様のように、その本を価値がないとけなす。レベルが低いと上位から判断する。その分野の大御所が若手の著作を評価するのであればわからぬでもないが、どうやらそうでもなさそうだ。どう考えても20代そこそことおぼしい人が、専門家の著書をそのように断定していることもある。

その人たちは大きな勘違いをしている。まるで自分が権威として他者を評価し、判断する資格があると考えている。実際には、自分にとって対象が喜ばしいものであるか、有益かどうかを語ることしかできないのに、神様のように客観的に判断できると思い込み、そうした文体で評価を書きつける。

レビューを書くのはもちろん自由だが、それはあくまでも好き・嫌い、自分に役に立った・立たないという主観的判断を基準としたものであるべきだと私は考える。そうであるからこそ、的確に判断でき、自分の視点から見た対象のよし悪しを判断できる。

客観的に評価できるのは、自分だけの立場に立つのではなく、若い人、高齢の人、さまざまな職業の人、さまざまな思想の人など、さまざまな立場に立って物事を判断することのできる人だ。

批評家という仕事を選んだ人は、それが自分にあると判断し、周囲もそれを認めてその仕事を成り立たせているのだろうから、その資格があるのだろう。だが、それ以外の人に、それほど人の上に立つ資格はないと思う。

ともあれ、評論家ぶるのではなく、自分の立場からの判断をしてこそ、排除にならずにすむ。

第3原則　匿名で「嫌い」を語らない

これまで本書では、嫌いであることを公言することについて語ってきたが、「公言」とはもちろん、**実名で語るということだ**。だれを嫌うのも自由だが、それを公《おおやけ》にするときには、人前で、自分の正体を明かしたうえで語る必要がある。匿名《とくめい》で悪口を書くというのは言語道断《ごんごどうだん》。そのようなことをする人は、嫌う資格がない。

いまはSNSなどを用いて、自分の名前を明かさず、身近な人を中傷《ちゅうしょう》する情報を流したり、悪口を書いたりできてしまう。それが自殺に結びついたという報道もなされた。それほどではなくても、軽い悪口を流している人は大勢いるだろう。

しかも、匿名で語る場合、相手に見えないのをいいことに、しばしば第２原則を破って、神の立場で語りやすい。自分のことは棚に上げ、すべてを理解したうえで語っているかのように上から目線で相手を全否定する。

だれからも見えないところで発言すると、まるで全能になったように錯覚するのだろう。日常生活でみじめな思いをしていればいるだけ、そのような意識が強くなるものと思われる。

しかも見えない存在からの悪口であるだけに、ターゲットになった側はいっそう追い込まれてしまう。

嫌うのは追い込むためではない。嫌うのは、そのような卑怯《ひきょう》な行為ではない。**嫌うのは正々堂々たる感情なのだ。**それを忘れた人は、人を嫌う資格もないと心得るべきだ。

第４原則　他人の「嫌い」を受け入れる

自分が何かを嫌うのであれば、他者がほかのものを嫌うのを認める必要がある。くり返し語っているとおり、人と人は価値観が異なる。他者の価値観を否定してはならない。

たとえ、だれかが自分の大好きなものを「嫌いだ」といっても、それで気を悪くするべきではない。自分の誇りが傷つけられたと思うべきではない。自分まで傷つけられたと思うべきではない。

自分と愛するものは別人格だ。私がいくらベートーヴェンを愛していたからといって、私はベートーヴェンではない。ベートーヴェンの一部でさえない。愛しているものと自分を一体化して考えるのは錯覚でしかない。いや、それ以上に傲慢《ごうまん》でしかない。そのような錯覚、そのような傲慢にかられているから、ベートーヴェンを非難されると、自分も非難されているような気になる。

別人格なのであって、単に愛しているにすぎない。そうであれば、ほかの人がベートーヴェンを嫌っていても、私が傷つく必要はない。それで傷つくのは滑稽《こっけい》というものだ。

第2章で語った、マーラーを嫌いと書いたことに抗議してきた人物は、まさに自分がマーラーの一部であるというような錯覚・傲慢にとらわれ、自分と他者の区別がつかなくなっているにすぎない。

自分がある人物なり、あるものなりを崇拝《すうはい》しており、なによりも愛しているとしても、ほかにそれを嫌う人もいるのは当たり前だ。

他者には、その人を嫌う権利がある。非難する権利もある。それに対して許しがたいなどと思うべきではない。排斥《はいせき》的になってはならない。

むしろ、他者の「嫌い」を楽しむべきだ。他者の「嫌い」は、自分が崇拝しているものを損《そこ》なうものではない。逆に、多様な考え方を提供するものとして、その奥深さを誇りに思うべきだ。みんなが同じようにとらえているわけではなく、別のとらえ方を許容するということは、自分が崇拝しているものが豊かだという証《あかし》にほかならない。

もし、相手の言い分に反論があれば、傷つけられたと思ったとしても、傷つけ返そうとするのではなく、自分の崇拝が正当であることを相手に主張し、説得する努力をするべきだ。

第5原則　部分を嫌う

ある人間が嫌いであるとしても、**その人の全人格を嫌うべきではない。**その人の全部が嫌いになったとしても、少し冷静になって考えるべきだ。

どの人間にも、もちろんよいところがある。自分にとってもありがたいことがある。**多**

くの場合、その一部が嫌いのはずなのだ。ところが、「坊主憎けりゃ袈裟《けさ》まで憎い」といった具合で、その人全体が嫌いになっているのだろう。

偉そうにしている態度が嫌い、暗いことばかりいって人の揚げ足をとるところが嫌い、目上の人に媚《こ》びるところが嫌い、つまらないシャレをいって無理やり笑わせようとするところが嫌い、自慢と人の悪口しかいわないところが嫌い……。よく考えてみれば、このような状況だろう。

そのようなとき、**その人物のどのような面が嫌いなのか、メモにしてみるといい。**すると、意外に嫌いなところは少ないことに気づくはずだ。全部が嫌いと思っていても、じつはその人のほんの一部が嫌いだということがわかってくる。

したがって、悪口をいうときも、「あの人、嫌い」というのではなく、「あの人の……するところが嫌い」「……しているあの人が嫌い」というように限定して語る必要がある。そして、「たしかに、いいところもあるのだが、こんなところが嫌い」というように語る。

そうすると、だれにでも説得力を持って聞こえる。

第6原則　弱い者に嫌いを表明するときには慎重に

人を嫌う場合、基本的にだれを嫌うのも自由だが、それを表明する場合には、嫌う対象は自分と同等あるいはそれ以上の存在に限られる。**自分より弱い者を嫌うと排除につながることをつねに心しておく必要がある。**

弱い者とは、ある人物の権力によって被害を受けるおそれのある人のことだ。上司の権力によって不利益をこうむる部下、先生の力によって成績が左右されてしまう生徒などが弱い者にあたる。直接の利害関係があり、権力者によって運命を左右されてしまう者といい換えてもよいだろう。

このような弱者に対して、権力を持つ側の人間が嫌うと、それは排除になってしまう。ときに教育にかかわっている者が教え子を嫌うこともないではないが、これは望ましいことではない。人間だから、嫌いになることもあるが、その場合も教育にかかわる人はそれを表に出すべきではない。

私は基本的に人間には人を嫌う権利があり、それを表明する権利があると考えるが、労働者に認められるスト権が公務員には例外的に認められないように、**嫌う権利は教育者には認められない**と考えている。教育者は圧倒的に弱者を相手にしているからだ。

　そのほかにも、一般の職場などでも、部下は上司に対して弱い立場にある。なにがしかの**権力を持っている人間は**、「嫌いだ」という感情を部下に対して持っていると、特に行動をとるつもりはなくても、気持ちが行動に表れる。なんらかの評価を下す場合にも、嫌いな人に対しては辛《から》くなる。そうした点を自覚して行動する必要がある。

　むしろ、**「嫌いだ」という感情を持っていたら、いっそう注意して、自分の判断が主観によって歪《ゆが》んでいないかどうか確かめるつもりでいるほうがよい**。もし歪んだ評価になっていたら、上司として失格だということは心しておく必要がある。あくまでも、その評価は公開しても説得力があるものであり、なんらかのエビデンスのあるものでなければならない。

　なお、**多数派もまた、数が多いというだけで権力者であることも理解しておく**必要がある。いい換えれば、少数者はそれだけで弱者ということになる。

　多数派に嫌われてしまったら、少数派の人間は立場がない。とりわけ、数人で同じ人間を嫌うことはとても危険であると理解しておかなくてはいけない。

徒党を組むつもりはなくても、弱い者を嫌う場合は心に秘めておく必要がある。それが強い者の心得《こころえ》だ。

第７原則　感情的なままにしない

感情的に嫌うままにしてはならない。もちろん、嫌うのは感情なので、感情が優先するのは当然だが、**感情的に嫌いだとしても、なぜ嫌いなのか、自分にはどういうところが気に入らないのか、それにどのような言い分があるのか、それを支持する人にはどのような考えがあるのかといったことを考えてみる必要がある。**

そのうえで嫌いであれば、そのつもりで嫌う必要がある。

嫌うのは感情的な出来事だが、それを意識するとき、あるいはそれを他者に向かって口にするとき、それは単なる感情表現ではすまない。**その感情を理性的にある程度コントロールする必要がある。理性的にコントロールしたうえでしっかりと嫌う必要がある。**

場合によっては、相手の言い分や支持者の考え方を頭に入れることによって、嫌いの度合いが減るのなら、それでいいだろう。無理に嫌う必要はない。相手の立場を考えた後も嫌いだったら、堂々と嫌うのが望ましい。

感情のおもむくままに「嫌いだ」と口にしたら、それはヒステリックな悪口でしかない。感情のままに嫌いなことを漏らしてしまうと、キレる老人のような、あきれた人になってしまう。たとえ感情的な悪口であっても、それを聞いた人に共感してもらいたいものだ。そうであればヒステリックな悪口であってはならない。きちんと理性的に判断してそれがほかの人にわかってもらえると確信できてこそ、その悪口を人にいう資格がある。

なおその際、ほかの人も自分と同じような嫌悪《けんお》感を持っているにちがいないと思い込んではならない。

好き嫌いは人によって異なる。**自分がどんなに嫌いな人であっても、その人を好きに思っている人がいる、そのことを頭に置いたうえで自分の感情を表に出す必要がある。**それを忘れると、みんなが自分を支持していると信じ込んで暴走することになってしまう。

第8原則　軽蔑してはならない

軽蔑《けいべつ》と嫌うということは別物だということをしっかりと頭に入れておく必要がある。

軽蔑とは相手を自分より下とみなすことだ。あるいはその存在を否定することだ。相手を軽蔑しているのであれば、その人を全否定し、存在を認めず、見下し、排除を求めることになる。

しかし、**嫌うということは、見下すわけではない。相手の存在を認めたうえで、自分と相手が相容れないと判断することだ。**

もちろん、軽蔑することも、人間として当然の感情だろう。卑劣な行為をおこなう輩《やから》はいる。匿名で中傷したり、いたずら電話をかけたり、オレオレ詐欺《さぎ》に加担したり、さまざまな犯罪に加わったりするような、人間のクズとみなされるべき存在はいる。そうした人たちは軽蔑されて当然だ。

むしろ私は、**嫌うことと軽蔑することは対立する**と思っている。

私は嫌いという感情は推奨する。しかし、軽蔑については、日常生活ではよほどのことがない限り、そのような感情を持つべきではない。この感情を持つのは、相手がそうとう常軌《じょうき》を逸《いっ》した人物の場合に限られる。軽蔑は、修復のしようがない。

いい換えれば、軽蔑と嫌悪をごっちゃにせず、相手の人格を認めたうえで嫌おうというのが本書の趣旨なのだ。

第9原則　嫌われてもいいと覚悟して嫌う

相手を嫌いだと公言することは、その人に嫌われてもかまわないことを意味する。

もちろん、肚《はら》の中で嫌っているだけであって、それを表に出さないのであれば、相手にはわからない。いや、もちろん、勘のよい人であればうすうす気づくし、そうでなくても好印象の人とはおのずと関係も異なっているだろうが、それでも、表立ってはわからない。

だが、だれに対してであろうと、ある人物を嫌っていることを口にすると、それは相手に伝わる可能性がある。そうであれば、相手に嫌われてもよい人に対してだけ口にして、それ以外の人は肚の中にとどめておくのが望ましい。

「嫌う」と「嫌われる」は表裏一体の関係だ。自分が嫌いなのにその人に好かれようと思うのは、虫がよすぎる。**嫌われても少しもかまわないという覚悟のもとに、その人を嫌う必要がある。**少なくとも、そのことを口に出す必要がある。

場合によっては、肚を決めて、「私はあなたが嫌いです」と口にし、その場合、相手が「私もあなたが嫌いですよ」といわれるのを承知で、相手を嫌う必要がある。

嫌われたくないと思っていたら、嫌うべきではない。少なくとも、嫌いであることを口にするべきではない。

第10原則　嫌うというのは一つの敬意であるとみなす

くり返し語っているとおり、嫌うということは、その人格を認めたうえでのことだ。相手の人格を否定して虫けらのように扱うことではない。しっかりとその人格、その行為、その態度を認めたうえで嫌うこと、相手が自分と相容れないとみなすことだ。

だから、**相手に敵としての敬意を示したうえで、嫌うことが大事だ。**いわば、**嫌う相手は「ライバル」ということになる。**

ＴＢＳ系のテレビドラマ「半沢直樹」の２０２０年版の第８回放送で、「嫌う」という点に関して、きわめて印象的な二つの場面があった。

優秀な銀行マンであり、銀行は国民の利益のために働くべきだと真剣に考えている半沢（堺雅人《さかいまさと》）は、不倶戴天《ふぐたいてん》の敵であり、かつて土下座をさせた大和田常務（香川照之《かがわてるゆき》）と共通の敵に対して闘うために手を結ぶ。そのとき、大和田常務は半沢にこう口にする。

「私はねえ、この世でいちばん、おまえのことが嫌いなんだよ。だが、バンカーとしての実力だけは認めてやる」

また、この回の最後の部分で、これまた半沢の不倶戴天の敵であり、これまで半沢に対して数々のいやがらせをしてきた国税庁の黒崎（片岡愛之助《かたおかあいのすけ》）は、オネエ言葉で半沢に語る。

「あなたのことなんて大っ嫌い。だから、最後まで、あたしの大っ嫌いなあなたでいてちょうだい」

私はこれらが人を嫌う極意《ごくい》だと考えている。「私はあなたが大嫌いです。しかしあなたのことは認めます」、あるいは、「たしかに、あなたを支持する人はいるでしょう。しかし、私はあなたが大嫌いです」という姿勢をみならう必要がある。

第5章　嫌いなもの・嫌いな人とのつきあい方

では、嫌いなものとどのようにつきあっていけばよいのだろう。いや、そもそも嫌いなことが見つからずにいる人は、どのように嫌いなものを見つけ出し、嫌いなものだと見きわめるのか。

これまで語ってきたとおり、私はすべての人間に嫌いなものがあると考えている。だが、自己抑圧が強すぎて嫌いなものを見つけられていない人もいる。そのような人には**自分は何が嫌いなのかを明確にすることが必要**だろう。

したがって本章では、嫌いなものをどのように見つけ出し、それに対してどのような態度をとるのか、とりわけ嫌いな人とどのようにつきあっていくのかを考える。

嫌いなものを見つけ出す

まず自分は何が嫌いなのかを明確にする必要がある。その際、以下の点に注意する。

①自分のイライラを見つめる

自分の心の中のイライラを見過ごさないことだ。嫌いなものを前にしたり、嫌いなことをしなければならないとき、**必ず心の中にイライラが生じる。**すなわち自分の心にストレスを感じる。それを見逃さない。**それを抑えつけて、気づかないふりをしない。**

それが「嫌いだ」という一つのしるしなのに、それを認めずに、自分がそれを「嫌いだ」と気づかない人がいる。「いい人にならなければいけない」「嫌いになってはいけない」などと自分の心を抑制してしまうのだろう。そして、そのまま自分の嫌った気持ちを覆い隠してしまうのだろう。

だから、そのように心を抑圧せずに、まずは自分がそれを嫌いなことを自覚する必要がある。そうしてこそ、嫌いなものを嫌いなものとして認識できる。

②イライラの共通点を探る

自分がどんなことにイライラしているかに気づいたら、自分が嫌いなものにはどのような共通点があるかを探ってみる必要がある。

たとえば、レモンを食べてもすっぱさしか感じず、少しもおいしいと思わない。唐揚げにレモンをかけると、せっかくのおいしいものがまずくなってしまう。梅干しはすっぱすぎて食べられない。餃子《ギョーザ》のタレに酢を入れるとおいしさが減る気がする。それらの兆候がある、などがあれば、いうまでもなく、自分はどうやらすっぱいものが嫌いなようだと気づくだろう。

もちろん、食べ物であれば簡単に気づくだろうが、人の行為、人の動作、さまざまな現象については、すぐには気づかないことがある。モヤモヤとした違和感、不快感を覚えるだけで、それを自分で抑えつけてしまうことがある。が、そうした感覚に対して自覚的になるようにする。

いくつかの場面で**不快感を覚えるときには、それらの場面にどのような共通点があるのかを考えてみることも大事だ。そうすることで、自分の不快感の正体に気づく。**

たとえば、上司の言葉遣いに違和感を覚える。次にはその上司の足の組み方に不快感を覚える。次には、また偉そうな話しぶりが鼻につく。

共通点を考えて、その上司の人を小ばかにしたような偉そうな態度に自分が嫌悪を感じていることに気づく。

だれもがそのようなことを無意識のうちにおこなっているが、少し意識化してみる。そうすることによって、自分の気持ちを明確に把握《はあく》できる。

③嫌いな理由も考えてみる

なぜ自分がそれを嫌いなのかを考えてみるのも必要なことだ。

だれであっても偉そうな態度をとる人にこれまで怒りを覚えてきたのか、それとも、その上司だけなのか。

もし、これまでも偉そうな人を嫌ったとすると、何か理由があるのか。幼いころ、あるいは若いころに何かあったのか。

自分のなかにどのような劣等感やコンプレックスがあるのか。どの点で、その人の考え方が自分には我慢ならないのか。

私はそうしたことを客観的に考えるために、**メモ用紙に書き出してみることにしている。**

それを嫌いになったのは、いつごろからなのか。そうなったきっかけに思い当たることがあるか。それが自分にどのような影響を与えているかを、なるべく１ページにまとめる。

私はそれを**「嫌いメモ」**と呼んでいる。**文字として書かないと、忘れてしまい、意識化できない。**

もちろん、スマホのメモ帳やパソコンのメモに書き込むのでもよい。そうして眺《なが》めているうちに、自分の心の中がわかってきて、現在の自分の生活との関連などに気づくこともある。

④慣れの問題ではないかと疑ってみる

嫌いなもの、嫌いなこと、その理由などがわかっても、すぐに嫌いと決めつけては早計だ。**慣れないために好きになれずにいるだけのことも多い。**慣れてくるうちに、嫌いでなくなり、むしろ好きになることも多いだろう。

パソコン使用経験者のかなりの人が、初めのうち、パソコンを使って書くことに抵抗を感じただろう。そして、ディスプレイ面がフリーズしたり、わけのわからない反応を示したり、突然これまであったものが画面上から消えてしまったりするたびに、「パソコンなんて嫌いだ」と思ったにちがいない。

だが、いつのまにか、パソコンなしでは生きていけなくなり、いまや伴侶《はんりょ》のようになっているだろう。だから、本当に自分がそれを嫌いなのかどうか、少し間をおいて考える必要がある。

人に対しても、知りあってすぐのうちには、突拍子《とっぴょうし》もない人間に見えていたのが、慣れてみると、その人柄がわかってくることがある。**嫌いだと初めに決めつけてしまったら、**

理解が進まなくなってしまう。

⑤自分が変わるかもしれないことも考慮する

しかも、「自分」という存在は可塑《かそ》的だ。固定的なものではない。**自分は、こうだと思っているとおりの存在ではない。いつ変わるかもしれない。**

自分という存在は、日々、つくっていくものだ。だから、「おれは、派手なのは嫌いなので、あの上司の目立ちたがりで派手好きなところが嫌いなんだ」と思っても、もしかしたら、自分も派手好きな要素があるのかもしれない。上司と同類で、自分も目立ちたいのにそれができないから、イラ立っているのかもしれない。

そうだとすると、何かのきっかけで自分も派手好きだということに気づいたら、その上司と意気投合して、一緒に派手なパフォーマンスを企画することなどもありえないことではない。そうした要素も考えてみる必要がある。

⑥好きになる努力をしてみる

次には、好きになろう、好意を持とうと考えてみることも必要だ。嫌いよりも好きなほうがよいに決まっている。まずは、好きなほうが得なことが多いだろう。だから、好きになれるように少し努力をしてみる。

ただし、あまり努力が過ぎると、それはストレスになる。それを義務と考えるべきではない。そのほうが得だという程度に考えるのが望ましい。

相手にも言い分がある、それを支持している人も多いと考えて、嫌いな気持ちをセーブする。しかし、それでもセーブしきれなかったら、肚《はら》を決めて、嫌いな立場を明確にする。ただし、たとえそうであったとしても、しばらくは、いつそれを翻《ひるがえ》してもよいと考えるべきだ。**嫌いなものが好きになることはしばしば起こる。意地になって、嫌いを貫く必要はない。**迷いが起こったら、さっさと宗旨替《しゅうしが》えするのも悪くない。どうしても好きになれないときだけ、嫌いな態度を貫く。

嫌いなものにどのように対応するか

どうしても好きになれない、むしろやっぱり心の底から嫌いだとはっきりわかったら、どうするべきか。人物が嫌いな場合についてはのちに語るとして、ここではある事物が嫌いな場合を考えてみる。

①まずはそれを遠ざける

もっとも簡単な例として、食べ物を取り上げよう。すっぱいものが嫌いだと自分で認識したら、もちろんすっぱいものを食べないようにする。自分が食べないのはもちろん、だれかが気をきかせて唐揚げにレモンをかけたり、酢の物を出したりしないように気をつける必要がある。

当たりさわりのない限り、自分がそれを嫌っていることを周囲の人にわからせておくほうが便利だ。

②いっそのこと、それを売り物にする

場合によっては、それを売り物にすることができる。「私はすっぱいものが嫌いでしてね」などと話題にする。少し大げさにいって、すっぱいものを食べて大変な目にあった経験などを話してもよい。

そうすることによって、**いやみなく自分が嫌いなことを伝える**ことができる。場合によってはそれが愛嬌《あいきょう》とみなされる。おもしろい失敗談などがあれば申し分ない。

③無理をしない

間違いなく嫌いだとわかったら、もう無理をしないことだ。無理をしてすっぱいものを食べようとしたり、すっぱいものも好きですと見栄《みえ》をはったりしない。**無理をして努力しても、人並みにすらなれないのは目に見えている。**

④嫌いなことはなるべく他人に任せる

イヤなことはできるだけ他人に任せるのがうまい方法だ。何でもかんでも苦手だというのであれば問題だが、**本当にだめなことは避けたほうがよい。イヤなことの代わりに、それほどイヤではないことを率先して実行するように考える**ほうがお互いのためだ。

事務仕事が大嫌いな人は、たとえ事務仕事を引き受けても、ミスが多くて使いものにならないだろう。だったら、事務仕事は人に任せて、外の人と交渉したり、企画力で他人のできないことをするほうがお互いのためによい。

ただし、もちろんだれもが嫌う行為がある。他人を叱《しか》ったり、便所掃除をしたり、単純労働をしたりといったことはだれもが嫌う。さすがにそういう行為は避けて通るわけにはいかない。

しかしそのような場合も、ほかの人のほうがもっと嫌いで、自分だったらそれほど嫌いでないことを代わりに引き受けるように考えるのが望ましい。

いずれにしても、ほかの人に比べて自分がもっとも嫌いだと考えるようなことは、しないにこしたことはない。**「本当に嫌いなことをしてもろくなことはない」と肝《きも》に銘《めい》じておくべきだと私は考える。**

⑤他人に表明する

自分が嫌いなのはどのようなことか、他人にしっかりと表明しておくのが望ましい。ふだんから、私はあのような行為は嫌いだ、私はそのような行為はできないと伝えておく。そして同時に、そのような行為の代わりに、ほかの人のいやがる別のことなら喜んでするということも伝えておくのが望ましい。

そうすることによって、**交換条件が成り立って、許されることになる。**

嫌いな人とつきあう法

では、嫌いな人とどのようにつきあうのか。

もちろん、任意の交流であれば、嫌いな人とつきあわなければよい。ところが、日本人の多くは嫌いな人とのつきあいをつづけなければならないと考えているようだ。しかし、これについては、さっさと関係を断ち切るのが望ましい。仕事でもないのに、嫌いな人とつきあう必要はない。

多くの人が、単に、事を荒立てたくない、円満でいたいと考えて、ズルズルと不快な思いをつづけている。そのためにストレスを抱え、貴重な時間を不快なことに使い、ますます不快な気持ちをため込んでいる。

これを断ち切るのはむずかしいことではない。次の三つの方法のうちのどれかを使えばよい。

①ズバリと断ち切る

もっとも簡単なのは、**「私はあなたが嫌いなので、もうおつきあいするつもりはありません」と明確に表明する**ことだ。このようにはっきりいわないにせよ、**「私はあなたについていけないので、距離を取らせてください」**などというのでもよい。

ともあれ、きちんと表明する。恋愛的な問題がからんでいるのでない限り、ほとんどの場合、この方法で解決できるはずだ。

ただ、関係はこじれるだろうが、多くの場合、こじれたからといって問題はないはずだ。もし、その人が悪評をいい立てるおそれがあるような場合には、少し釘を刺しておくとよい。

「私もあなたの悪い点を十分知っているので、あなたが私の悪口をいいふらすようなことがあったら、私も黙《だま》っていませんよ」と、はっきりとはいわないまでも、それが相手に伝わるようなことをいっておけばよい。「そういえば、あなたは、こんなことをしたんでしたね。私はよく覚えていますよ」といったことをほのめかすくらいで十分だ。

②不自然でもいいので、毎回断る

もっとも当たりさわりがないのは、誘いを断りつづけることだ。少々不自然でもよい。

嘘《うそ》でもよい。「残念ですけど、その日、用があるので」「その日、行かなければならないところがあるので」といいつづける。突っ込まれても気にしない。

相手があまりにしつこいようなら、愛想《あいそ》よく「今度また誘ってくださいね」といっておいて、また断る。

それをくり返せば、さすがに5度、6度とは誘わなくなる。それでも誘われたら、また断ればよい。

③イヤな人と思われるように仕向ける

決定的なのは、むしろ、自分が嫌われることだ。相手は一緒にいると楽しいから、誘ってくる。だから、楽しくないようにすればよい。

そのためには、**一緒にいて楽しくないように画策《かくさく》する**ことだ。いやみをいったり、少なくとも相手が話しているときに懐疑的な態度をとったり。

ふだん相槌《あいづち》を打ち、愛想よくしているから、相手は一緒にいるのを楽しいと思っている。相槌を打たず、不機嫌な態度を示せば、誘わなくなる。

もっと積極的にイヤなやつだと思われるように仕向けることもできる。

以前、私が困った人につきまとわれたとき、私は自分からイヤなやつを演じることに決めた。相手の語る言葉に嘘が混じっているらしいことを嗅ぎつけ、それを徹底的に追及したのだった。

「それは、つまりどういうことですか？　そんなことができるはずがないと思うんですけど」

「本当にそうしたという証拠はあるんですか」

「そのとき、なぜそんなことが問題にならなかったんですか」

「そのときかかわった人の連絡先を教えてください。確かめてみますから」

などとしつこく迫った（誤解なさらないでほしいが、あえてそのようにしたのであって、本来、私はしつこい性格ではない！）。

相手が腹立たしげに逃げ出してからも、メールをしたり、電話したりして、同じことをくり返した。そうすると、ありがたいことに、すぐに、「あなたみたいなしつこい人には初めて会った。あなたのような人とはつきあえない。もう近づかないでくれ」といわれたのだった。

④相手のイヤなところを楽しむ

それでも、まだ離れることができず、どうしてもつきあわざるをえないことがある。そのような場合には、そのイヤさを楽しむことを考える。**相手がどれほどイヤな人間なのか、どれほど不快なことをするのかを楽しむ。**

じっくり観察すると、それはそれで楽しいものだ。それを笑いものにすると、なおのこと楽しい。

そして、それだけでなく、だれかに相手がどんなイヤなことをするかを話して聞かせよう、**それをネタにして、いつか笑いをとろう**などと考える。そして、次にもっとイヤなことをされるのを楽しみに待つようにする。すると、イヤなことがそれほど苦痛ではなくなる。

私は、イヤな人間を見ると、いつかそれをテーマにして本にしてやろうと思う。じつは、本書もまた、第2章で書いたイヤな体験を本にしてやろうというのが出発点になってできている。

⑤仕事であれば、利用することを考える

仕事であれば、嫌いな人とも行動しないわけにはいかない。**仕事場にイヤな人間は必ずいる。もし、いなかったとしたら、それは奇跡と考えるべきだろう。**

イヤな人間と一緒に仕事をする場合には、仲良くすることではなく、「上手に利用しよう」と考えることだ。嫌いな人間であればあるだけ、**「この人間を徹底的に利用してやろう。そして、仕事に成功してやろう」**と考える。

そうこうするうちに、嫌いな人のよさがわかることもあるだろう。好きにはならないにしても、興味を抱くかもしれない。

上手な悪口のいい方

嫌いなことや嫌いな人とのつきあい方もわかった。では、嫌いな人を話題にして悪口をいうときにはどうするか。そんな場合にも、上手な悪口のいい方がある。

嫌いな人だからといって、あまりにぞんざいな罵《のの》り方をしては、相手に対して失礼であり、またそれ以上に、自分の人間性を疑われてしまう。

嫌いであることはきちんとわかってもらったうえで、その内容に説得力があり、しかもあまり悪い印象を与えないいい方が望ましい。そのためのテクニックをいくつか挙げる。

①「たしかに、しかし」を用いる

「たしかに……、しかし……」という表現を用いると、上手に悪口をいうことができる。「たしかに、この人にはよい面もある。このような面だ。しかし、私は嫌いだ」というふうにつづける。こうすることで、**自分の語っているのが一方的な意見ではなく、きちんと、よい面も見ていることを示す。**

もちろん、文字どおりに「たしかに、しかし」と語る必要はない。「……の面もあるだけど」「よい面があることはよくわかっている。でも」などと使うことができる。

②「自分も悪いけど」「自分のことは棚に上げていうけど」

①の変形といえるだろう。「たしかに、自分も悪い。しかし……」「たしかに、私にはいう資格がないかもしれない。しかし……」というパターンだ。こうすることで、**自分が高所から偉そうに語っているのではないことを認めたうえで、悪口をいうことができる。**

このようにいっておけば、相手の「あんたのほうこそ、問題があるだろう」「あんたにそんなことをいう資格はないだろうに」といったツッコミを前もって避けることができる。
悪口をいうときには、①で示した表現か、ここで示す表現を前置きとして語るのを常としておくのが望ましい。

③被害者であるのが望ましい

悪口をいうとき、自分がその被害を受けていることが望ましい。高いところから、「あいつはできない」「あいつは使えないから嫌いだ」というのでは、説得力がない。**「あいつのせいで、自分はこんなひどい目にあわされている」**というパターンが望ましい。実際に、だれかを嫌うときの大半がそのような場合だろう。

あるいは、もっとよいのは、**「あいつのせいで、ほかの弱い人がひどい目にあわされている」**というパターンだ。

このような話し方によって、聞いている人を味方につけることができる。正義感をかき立てることができる。

たとえ自分のほうが目上であっても、「あいつが仕事に失敗したために、自分までも被害を受けている」という方向で語るのが望ましい。

④おもしろい具体例を示す

「とても悪い人」「いけ好かない」というだけでは、聞いている人にはそれが伝わらない。そのようなことをいうだけでは、むしろ語っている人の人格に疑いを持たれるだけだ。

どんなにイヤな人間であるか、口をきわめて罵るのではなく、**それがわかるようなエピソードを示す**のが望ましい。「このあいだなんて、こんなことがあったんだよ」というように具体的に語る。そして、相手がどんなにひどい人間であるかを、聞いている人に実感してもらう。

その具体例は、おもしろければおもしろいほど、効果がある。あまりに非常識なのであきれてしまうようなエピソード、笑い出したくなるようなエピソードが望ましい。

⑤しかし、やりすぎてはならない

具体的なエピソードが望ましいとはいえ、一つのエピソードがあまりに込み入っていたり、エピソードを三つも四つも語ったりするのは好ましくない。必死感が出てしまって、むしろ語っている人がヒステリー状態ではないかと疑われてしまう。

愛読者カード

ご購読ありがとうございました。今後の参考とさせていただきますので、ご協力をお願いいたします。また、新刊案内等をお送りさせていただくことがあります。

【1】本のタイトルをお書きください。

【2】この本を何でお知りになりましたか。

1.書店で実物を見て　2.新聞広告(　　　　新聞)
3.書評で(　　　)　4.図書館・図書室で　5.人にすすめられて
6.インターネット　7.その他(　　　)

【3】お買い求めになった理由をお聞かせください。

1.タイトルにひかれて　2.テーマやジャンルに興味があるので
3.著者が好きだから　4.カバーデザインがよかったから
5.その他(　　　)

【4】お買い求めの店名を教えてください。

【5】本書についてのご意見、ご感想をお聞かせください。

●ご記入のご感想を、広告等、本のPRに使わせていただいてもよろしいですか。
□に✓をご記入ください。　□ 実名で可　□ 匿名で可　□ 不可

郵便はがき

切手をお貼りください。

102-0071

東京都千代田区富士見一—二—十一
KAWADAフラッツ一階

さくら舎 行

住　所	〒　　　都道府県			
フリガナ		年齢	歳	
氏　名				
		性別	男　　女	
TEL	(　　　　)			
E-Mail				

さくら舎ウェブサイト　www.sakurasha.com

ムキになって必死に語るのではなく、さらりと情報を提供して判断は相手にゆだねるような気持ちで語るのが望ましい。

畳みかけるようにいくつものエピソードをこれでもかこれでもかと語りつづけると、相手はうんざりしてしまって、まさに「悪口ばかりいう人」とみなされることになる。

⑥大きすぎない声で、ゆっくりと

大きな声でがなり立てるように早口で悪口をいってはいけない。**冷静で余裕がある話し方で悪口をいってこそ、説得力がある。**大声で早口でしゃべると、冷静さがなく、ヒステリックに怒っている印象を与えてしまい、むしろ説得力をなくしてしまう。

なお、だれかに聞かれるおそれがないにもかかわらず、人の悪口をいうときには急に声をひそめる人がいる。それはそれで、秘密のことなのだということを聞いている人に知らせる手段として有効ではあるが、あまりに不自然で芝居じみてしまうので、それほど大げさな態度はとらないほうがよいだろう。

⑦無理に同意は求めない

もちろん、だれかの悪口をいう場合には、自分の考えに賛同してくれそうな人を選んでいうことが多いだろうが、だからといって、無理やり自分の悪口に同意を求めてはいけない。相手が相槌を打っているだけなのを、同意と考えるべきでもない。

悪口をいっているときこそ、相手がそれに無条件に賛成していると思うべきではない。いわんや、自分ひとりが悪口をいっているのに、ほかの人に、「あの人もいっていた」などとよけいなことをいってはならない。それは信用を失う典型的な行為だ。

基本的には、**自分が勝手に悪口をいっているという立場で話す**のが望ましい。相手がそれに乗ってきて、意気投合すれば、それでよしとすればよい。

⑧反論されたら、主張しない

人と話していて、自分が悪口をいっているのに、**相手がそれに同意せず、それどころか、悪口をいわれている人を擁護《ようご》したら、即座に自分の悪口を相手に伝えるのを中断するのが**望ましい。

よほどのことがない限り、「いや、あなたは騙《だま》されている。あの人はひどい人だ」などと主張するべきではない。

もちろん、それが犯罪にかかわったり、だれかが大きな被害を受けるおそれがあるときには、断固として、その人物の危険性について主張する必要があるが、そのようなことはめったにないだろう。

ほとんどの場合は、相手の意見が異なることを確認して、悪口をやめることだ。それ以上悪口をいうと、むしろ人間性に問題があるとみなされることになりかねない。

第6章　「みんな仲良し」社会の欺瞞

これまでくり返し語ってきたとおり、日本社会は「嫌い」を許さない社会だ。それが社会のさまざまな現象のなかに現れている。**日本人がよいと思い込んでいること、日本では常識とされていること、美しいとされていることも、じつは、「嫌い」を許さず、人間の心を抑圧し、一律に同じ価値観を強制する思想が背後にある。**私には、日本のさまざまな常識が、「嫌い」を抑圧する装置に見える。

以下、そのような日本の常識のいくつかを描き出してみる。

「みんな仲良し」症候群の抑圧

日本のテレビドラマを見ていて思うことがある。**とりわけ、刑事ドラマに対して思う。登場人物のほとんどが仲良しなのだ。**

刑事ドラマでも、たしかに部外者はイヤな人間が多い。犯人はもちろん、ほかの部署の警察官、突然やってきて理不尽な命令をする本庁の上官などは、だいたいいやみな人間ということになっている。だが、仲間たちは仲良しだ。

新番組で物語がはじまった当初、あるいは新人刑事が配属されたばかりのころは、イヤな部分があってぎくしゃくするが、それでも物語が進むにつれて、仲間たちは仲良くなっていく。それが一つのパターンになっている。

このごろは日本でもこの定型に反するドラマがないではないが、いまでもほとんどがこのパターンだろう。アメリカの刑事ドラマなどでは、同じチーム内でもぎくしゃくしている様子が語られるのと対照的だ。

学園ドラマになると、もっとはなはだしい。学園ドラマの定番は、仲間の輪に入れない一人が周囲に歯向かい、みんなを嫌って孤立するが、みんなの善意を知ったあとはわだかまりを捨て、仲良しの仲間に入るというパターンがくり返される。

ドラマだけではない。**現実の学校でも会社でも、「みんな仲良く」が前提になっている。**小学校でも中学校でも、もちろん高等学校でも、クラスみんなが仲良くして、同じ部活の仲間はまとまりを持ち、一致団結して勉強や活動に取り組むことが奨励される。会社でも、ひとまとまりになって仕事をすることが求められる。

だが、**このような雰囲気は、まさに「嫌う権利」を否定している。**

みんなが互いを好きでなければならないというプレッシャーをかけている。心の底で仲間とみなされるだれかを嫌っていたら、それは悪いことだと決めつけている。

そのような人は自己嫌悪《けんお》におちいり、自分のそのような感情を否定し、自分は悪い人間だと思わされることにつながっている。結局、自分を責め、他人を嫌う自分はクラスの一人として、仲間の一人として失格だと感じることになる。

だが、**そもそも「みんな仲良く」ということ自体が抑圧なのだ。**それこそが、強烈な同調圧力なのだ。

集団ができれば、必ず好きな人間とそうでない人間が生まれる。10人近くいれば、きっと嫌いな人間が出てくる。通常、だれかに嫌われ、ほかの人には好かれるというパターンだろうが、なかにはみんなに嫌われるような人間もいる。それが当然なのだ。

「みんな仲良く」という思想は、人を嫌うことを禁止し、無理やりみんなをひとまとめにする。日本式集団主義のもっとも悪質な部分だと私は思う。これこそが、**日本社会を息苦しくしている。**

同じような言葉に、「チーム一丸」がある。日本ラグビーでモットーとなった「ワンチーム」も同じような思想にもとづくものだろう。

もちろん、チームや組織が「勝つ」「成功する」という目的を共有し、それに向かって全員が一人一人努力するという考えを示しているのだとすると、私にはまったく異論はない。

だが、それが**「みんな仲良くして、みんなで同じ考えを持つ」となると、**まさしく独裁組織になる。**やさしい顔をした独裁**といえるだろう。

現実の組織は、一人一人が別の価値観を持つ。勝つ・成功するという点では一致しても、それ以外の感情面では自由だ。したがって、そこでの指導者の役割は、みんなの意識を、勝つ・成功するという点で一致するように仕向けることだ。

ところが、日本では、組織の人間全員が仲間となり、仲良くなり、感情を同一のものにし、組織のだれかを嫌うことを許さず、自由な感情を許さず、もしそれに反する人間がいたら追放しようとする。部活などでは、それが体罰、いじめにつながる。

まず、「みんな仲良く」という思想をなくす必要がある。「嫌い」という要素を許容する必要がある。そうすれば、どれほど多くの人が救われるだろう。

「人と人は理解しあえる」の幻想

「みんな仲良く」の思想の根底にあるのは、「人と人は理解しあえる」という幻想だ。

多くの人が「人と人は理解しあえる」と無条件に信じている。テレビドラマでも、これはしばしば取り上げられる。多くのドラマが、「だれもが人と人は理解しあえると考えていたのに、そこにヒビが入る出来事があった。だが、最後には理解しあえた」とまとめられるような展開になることが多い。

もちろん、私も人と人が理解しあうのは美しいと思う。ドラマを見ていて、理解しあえたときに感動することも多い。だが、人と人が理解しあうのはとてもむずかしいことだということも、しっかりと頭に入れておく必要がある。**たとえ心と心が深く通じあったとしても、それは長つづきするとは限らない。ほとんどの場合、それは錯覚であり、そうでなくても一時的なことが多い。**

たとえ長いあいだ寝起きを共にし、しばしば語りあっている家族であっても、血縁のある親子であっても、別の肉体と頭脳を持ち、別の経験を持っていれば、理解しあうのはむずかしい。同じ事柄を見ても、同じようには考えず、別の判断をする。ほかの人がどのように考えているのか理解できない。理解したつもりでいても、あとでそれが間違いだったと知って驚くことが多い。

家族でもそうなのだから、赤の他人となれば、その比ではない。別の家庭で育ち、別の生い立ちを持ち、別の経済的な状況にあり、別の文化の中にいる。学校での経験も、読んだ本も、見たテレビも違う。別の利害関係を持っている。

だから、信頼しあっている、理解しあっていると思っていた人が、じつは自分を裏切っているといったことがしばしば起こる。自分と同じような感覚を持っているにちがいないと信じていた人が、まったく違う考えを持って別の行動をとっていたといったことも起こる。そのたびに驚いたり、怒ったり、たまに感心したりする。

人の心は見えない。なかにはわかりやすく自分の心を表現する人もいるが、そうでない人のほうが多い。そうでない人のほうが懐《ふところ》が深く、人間として成熟しているともいえる。

多くの人が、「私たちは仲良しだから、黙っていてもわかりあえている」と思っている。夫婦、恋人同士、友人同士、家族などが特にそのように感じている。

だが、それが裏切られることもしばしばだ。しかし、だからといって、人を非難してもしかたがない。

人と人は理解しあえない。それを基本として考えるべきなのだ。

人と人は理解しあえると考えるほうがおかしい。他人の心がわかるはずがない。わかったところで、それを自分のことのように理解できるはずがない。別の人間なのだから。別の利害があるのだから。別の文化を持っているのだから。別の価値観があるのだから。

理解しあえると思うから、「あの人は私のことをわかってくれない」と思って、不満に感じる。理解しあえるはずがないと思っていれば、そんな不満を持たない。

そもそも、**「あの人は私のことをわかってくれない」と考えること自体、甘えでしかない**。わかってくれるはずのない相手に対して過度に期待しているにすぎない。

お互いわかりあえるには、同じような価値観を持っていなければならない。他人と自分がつながっているとみなすことだ。だから、わかってくれないと考えてしまう。

人それぞれ、別の価値観を持っていて当然とみなされている社会で、理解しあうことなどできるはずがない。理解しあえずに、衝突が起こったり、互いに嫌いになったりして当然なのだ。社会とはそんなものなのだ。

黙っていては互いに理解しあえるはずがないのだから、できるだけ相手に自分のことをわかってもらおうと努力する必要がある。相手をわかろうと努力する必要がある。互いに自分の考えをきちんといえるようにしておく必要がある。そうしてこそ、相互理解はむずかしくても、理解に近づくことができる。

そのような社会であれば、他人の好き嫌いについても許容できる。勝手に、「自分が好きなのだから、ほかの人も好きにちがいない」などと思い込んだりしない。他人の「嫌い」を尊重できる社会になる。

「話せばわかる」の虚偽

前項で語ったとおり、人と人は理解しあえなくて当然なのだ。だから、「話せばわかる」という言葉は、いうまでもなく、認識の甘さを示している。

自爆テロを起こし、異教徒を巻き添えにして死ぬことを殉教《じゅんきょう》と考える人に、「おまえの考えは間違っている」といくらいっても、わかってくれるはずがない。

逆に、そのような行動をしている人が私に向かって、「絶対神を信じないで平和ボケしているのなんて罪だ。いますぐ神に帰依《きえ》しろ」といっても、私がわかってやれるはずもない。

「話せばわかる」という言葉は、五・一五事件（1932〔昭和7〕年に起きた海軍青年将校を中心としたクーデター事件）の際に殺害された犬養毅《いぬかいつよし》首相が青年将校に向かっていった言葉として有名だ。

もちろん、テロリストに対して、そのような言葉は意味をなさない。テロリストはそもそも言葉による理性的解決をまだるっこいと感じ、それを否定している人たちなのだ。話してもいうことを聞くはずがない。

理性的にいくら話しても、価値観の異なる人同士の話は、ほとんどの場合、平行線をたどる。このような場合に「わかる」ということは、どちらかが根負けして折れたということを意味する。本当にわかることはめったにない。

本当にわかってくれたとすると、それは、相手の価値観がぐらついていたときに限られる。テレビドラマなどのように、**一つの言葉で人の価値観が根底からくつがえるようなこ**

とは、まずありえないだろう。

「話せばわかる」といった事態が起こるのは、無知な人に向かって知識を授《さず》け、それに納得した場合に多いと思われる。知らなかった人が真理を知って「わかる」ということはしばしば起こる。

たとえば、軍国日本で暮らしていた人たちは、当然ながら当時の思想に染まっていたが、のちに正確な情報を得て、軍部の誤り、日本政府による情報操作などを知らされて過去の状況について理解しただろう。それは「話せばわかる」が成り立った例といえるだろう。

そのほか、事情を知って真意を理解したり、それまで伏せられていたことが明かされて相手の気持ちを理解するといったことは日常でも起こっているだろう。

しかし、新たな知識を得た後でさえも、「話せばわかる」とならないことも少なくない。そもそも理解力がないと、話してもわかってもらえない。

40年以上前のことだ。私はある塾でアルバイトとして英語を教えていた。

中学1年生を相手に奮闘《ふんとう》していたとき、どういういきさつだったか覚えていないが、ざわつく生徒たちを静かにさせようとして、英語とは関係のない話をした。

「厚さ1ミリの広い紙を30回折りたたむと、そのときの厚さはどのくらいになると思うか」という問題を出したのだった。その少し前にどこかで仕入れたネタだったと思う。

それで生徒たちの興味を引き、授業に引き込むつもりだった。

紙を2回折ると「2の2乗＝4倍」、3回折ると「2の3乗＝8倍」、10回折ると「2の10乗＝1024倍」と倍々で増えていく。30回折りたたむと1000キロを超すとてつもない厚さになる。黒板に計算式を書いて、生徒を納得させようとした。狙いどおりに感心してくれる生徒も多かった。

ところが、一人、反抗する生徒がいた。ふだんから勉強ができないので手を焼いていた生徒だ。

「そんなことは信じられない。理屈《りくつ》はどうでもいいから、実際にやってみせてほしい。そうしたら納得する」

といい出した。一人が頑張っていうと、それになびく者も出てくる。静かにさせようとする目論見《もくろみ》が外れたのだった。

そのとき、私はちょっとたじろいだ。もしかしたら、彼の言い分にも理があるかなと思いかけた。

考えてみると、「理屈はどうでもいいから、実際にやってみせてほしい。そうしたら納得する」という言葉は、ある意味で万能の言葉だ。あらゆる真理の言葉に対してこの反論が成り立つ。まさに真理を拒否する言葉なのだ。

だが、数学のほとんどは、理屈であって、実際に見せるのはむずかしい。コピー用紙などを折ってみればわかるが、6回目くらいまでは折れても、7回目は分厚くなってしまって折れない。ある程度から先は計算という論理で表す世界となる。

ほかにも、たとえばサイン、コサイン、タンジェントというのは三角形の角や辺の比だったはずなのに、数学の問題では、それを掛けたり割ったり、ルート計算したりする。そのとき、「いま三角形はどのような形になっているのだろう？」などと考えていたら、数学は成り立たない。

いや、数学に限らない。世の中はすべてが論理によって成り立っている。「理屈はどうでもいいから、実際にやってみせてほしい。そうしたら納得する」といい出したら、すべてを拒否しつづけなければならない。そのように考えたら、勉強ができないのは当然なのだ。

そのとき、私は、それをその生徒にいい聞かせようかと思った。

「きみ、理屈はどうでもいいなんていっているから、勉強ができないんだよ。勉強は理屈なんだ。世の中は理屈からできているんだ。きみのようなことをいっていたら、いつまでも勉強ができるようにはならないよ。これからは理屈を理解できるように努力しなさい」

だが、それこそ話してもわかるわけがないので、そのような理屈をいうのもやめたのだった。

先の一件は理解力がないために、話をわかってもらえなかった例だが、知識が不足しているために、わかってもらえないことも少なくないだろう。

人は自分の知識にもとづいて物事を判断する。豊かな知識をもとに判断して語っている人もいれば、少ない知識なのに、それによって判断して語っている人もいる。

ところが、知識量は外からは見えない。そのため、多くの場合、人と話をしているときも、周囲の人も自分と同じくらいの知識を持っているだろうという前提で話をする。しかし、そうでないこともしばしばあって、話が混乱する。

かつてクラシック音楽関係の2ちゃんねる（現・5ちゃんねる）の書き込みをのぞいた

ことがあった。二人がヒートアップして罵《ののし》りあっていた。

だが、少し知識のある人間がその二人の書き込みを読めば、一人がプロ並みの知識と判断力の持ち主であり、もう一人はクラシック音楽を聴きはじめたばかりの完全な素人《しろうと》であるのは一目瞭然《いちもくりょうぜん》だった。

私もそうだったが、高校生のころなどは、自分がいちばん音楽をわかっているような気になって傲慢《ごうまん》なことを語ってしまうものだ。素人と思われる人はおそらく、クラシック音楽についての知識は私の中学生か高校生のころと同じレベルの人間と思われた。

プロレベルの人が語っていることは私には完全に納得できた。素人レベルの人の語ることは、笑ってしまうしかないものだった。

プロレベルの人は、素人レベルの人に、クラシックを長年聴いてきた人たちからするときわめて妥当で常識的なことを説いて聞かせようとしている。ところが、素人はまったく納得しないで、相手の専門用語さえも誤解して反発している。**自分に知識がないために、相手が自分とは比べようもない知識量のもとに語っていることが理解できないようだ。**

プロレベルのほうも、初めは「話せばわかる」と考えて、丁寧に説明していたようだが、相手があまりにわかろうとしないので、堪忍袋《かんにんぶくろ》の緒が切れたようで、激しい言葉でその愚《おろ》かさを罵倒《ばとう》している。
ここまでわかりやすい例は私もほかに目にしたことがなかったが、相手の社会的な地位や年齢が不明のまま語る、一見フラットなネット上だからこそ起きたといえる。いや、これに似たことは現実生活でもしばしば起こっているのだろう。

人間は自分の知能と知識で物事を判断する。ところが、人によって知識の量が異なる。それなのに、多くの人はそのことを十分に自覚していない。

「私は知識が少ないので、このことについて理解できない」と謙虚に思っていればいいのだが、なかなかそうはいかない。多くの人が、自分はトップレベルではないかもしれないが、そこそこだろうと思っている（私もそう思っていることが多い）。

少なくとも、話をしているグループ内では自分は平均レベルだと思っている。そうして話に加わっている。そのために、「話してもわからない」ということにおちいってしまう。

「話せばわかる」が成り立つのは、そこにかかわっている人が同じような知識レベルにあり、わかりたいと心から思っているときだけだ。相手と理解しあおう、真理を知ろうとしているときだけ、他者の話を理解できる。

「話せばわかる」という言葉は、人間がだれでも、相手をわかりたいと思っているという前提に立っている。だが、現実にはそうではない。相手をわかろうと思っていない。そのような状況では、この言葉は成り立たない。

人と人は価値観が異なる。知識量も異なる。理解したいと思っていない。一人一人が違うものを嫌い、違うものを好む――そのような人間たちが、ときどき、理解したい、相手をわかりたいと思ったとき、相互理解がたまたま成り立つ。そう考えるべきなのだ。

「一人でも傷つく人がいたら、語るべきではない」の欺瞞

少数者を尊重する社会になった。他人に強制することをためらう社会になった。それはとてもよいことだ。だが、それがいきすぎたといえるのかもしれない。

しばしば「一人でも傷つく人がいるなら、そのようなことは語るべきではない」といわれるようになった。

学校などで、先生が運動会に応援にきてくれる生徒の両親を話題にする。だが、両親がそろっていない子どもも少なくない。そのようなとき、先生はその話題を口にするべきで

はないとされる。その先生の言葉で傷つく子どもがいるから、というわけだ。「だれか一人でも傷つくようであれば、そのようなことをするべきではない。語るべきではない。たった一人の心までも考えての言動が大事だ」ということだろう。

しかし、これは欺瞞《ぎまん》にほかならない。一人も傷つかないような言動など、世の中にあるはずがないからだ。

先ほど、私は原稿を書くのに疲れて、「さて、コーヒーを飲もうか」と考えた。もし、これを公言したとすると、これはだれも傷つけない言葉といえるだろうか。

そんなことはない。食べる物にも事欠いて、おなかをすかせている人はムッとするだろう。「おれたちは食べ物もなくて困っているのに、この人はのん気にコーヒーを飲もうとしているのか」と考えて傷つくだろう。紅茶や緑茶の仕事にかかわる人も、「なんだ、紅茶（緑茶）ではなく、コーヒーなのか」と思って傷つくかもしれない。「日本人の○○さんがノーベル賞を取った」というニュースならだれも傷つけないか。これもそんなことはない。

おそらく、その人以外にもノーベル賞を狙《ねら》っていた人がいただろう。その人は、「ああ、私がノーベル賞を取りたかったのに、ほかの人に決まったのか」と思って傷つくだろう。自分、あるいは関係者のノーベル賞受賞が遠のいたと考えて、失望しているかもしれない。学校の先生が生徒のだれかをほめたとしても、ほめられなかった人のなかに傷つく人がいるかもしれない。**主観的な判断を加えずに、何かを報告しただけであっても、それを悪いニュースととらえる人は傷つくだろう。**

つまり、**だれも傷つかないような言葉などは何ひとつないのだ。**どのようなことであっても、必ず傷つく人がいる。すべての言動はだれかを傷つける。だれか喜ぶ人がいるとすれば、必ず傷ついている人もいる。

傷つくかどうかは、多くの場合、そう思う人の責任であって、原因となる言葉を発した人の責任ではない。

面と向かって二、三人に話している場合はともかく、ある程度以上の数の人に向かって話をしたり書いたりしているときに、そのうちの何人かが喜び、何人かが傷ついている。それは当たり前のことだ。

一人一人の内面まで考えて話していたら、だれも何ひとつ話ができなくなる。傷ついた人が、話している人に「あなたのせいで私は傷ついた」といっても、それはほとんどの場合、意識過剰にすぎない。

それゆえ、「一人でも傷つく人がいたら、語るべきではない」ということは、何も語ってはならないということにほかならない。すなわち、**これは絶対的言論弾圧になってしまう**。

人間の言動は、多かれ少なかれ、だれかを傷つけている。**人間が生きて行動するということは、とりもなおさず、他人を傷つけるということ**だ。

「一人でも傷つく人がいたら、語るべきではない」とは、人間社会の当たり前のことを知らない戯言《ざれごと》でしかない。

すべての言動は人を傷つけるという当たり前の原則を知ったうえで、私たちは生きる必要がある。それを忘れたら、人間社会で生きていくことはできない。

逆にいえば、これは、**人間はどのような言動をとろうと**、**人に嫌われるおそれがあると**いうことだ。すべての人にとって喜ばしい言動はない。当たり前のことだ。一人一人の利害が異なり、価値観が異なるのだから。全員に当てはまることなどありえない。

人は嫌われたり、嫌ったりするという真っただ中で生きている。嫌われたり、嫌ったりしないで生きていくことはできない。

「一人でもいやがる人がいたらするべきではない」というやわらかく、一見やさしい言葉は、少数派を尊重しているふりをして、実際にはきれいごとではすまない少数者尊重を覆い隠している。

いい換えれば、少数派尊重を口先でたたえるおめでたいだけの言葉でしかない。実行できるはずのないかけ声であって、まさにこの考えの欺瞞性を示している。

「一人一人違っていい」の不備

このごろ、「一人一人違っていい」という言葉が聞かれる。少数派への配慮がなされるようになって、みんなが同じであるという考え方が疑問視されるようになった。その結果として、それぞれの個人の違いが認められるようになった。

だれもが異性に対して性的な関心を持つ必要はない。そうでない人もたくさんいる。さまざまな性的指向がある。一人一人違っていてよい。そう思われている。

もちろん、私はこの考えに賛成する。

一人一人違っている。みんなが同じ考えを持っている、みんなが同じ指向を持っていると考えるのは大きな間違いだ。だが、「一人一人違っていい」という表現が用いられることには、強い違和感を覚える。

「一人一人違っていい」という表現には、「みんな同じなのが当たり前だ。だが、なかには違う人間がいる。少数派がいる。だから、少数派も認めてあげよう。違うところのある人がいても許容しよう」と語っているように思われる。

しかし、私にいわせれば、**「一人一人違っていい」ではなく、「一人一人違うのは当たり前」なのだ。**

「一人一人違っていい」には、まだ同調圧力の名残《なごり》がある。同調圧力のきかない人に対して、「まあ、いてもいい。我慢して認めてあげよう」というニュアンスがある。

そうではなくて、**みんな一人一人違うのだという認識を前提にするべきだ。**

個々のある事柄については、全員が同意するようなこともある。だが、すべての事柄についてみんなが同意するわけではない。一人一人が別の考えを持ち、別の行動をとり、別の指向を持ち、別のものを好み、別のものを嫌う。

それぞれが別だ、別の考えを持って当たり前だ。もし共通な部分があるとすると、それはたまたまだ。そうしたことを前提にして社会をつくっていく必要がある。

そうでない限り、いちいち何かをするたびに、「こんな変なやつがいるのか！」と驚くことになる。どんな施策をとるにしても、とんでもない解釈をする人間、悪意にあふれた行動をとる人間、悪用して自分の得になることだけをしようとする人間がいることを前提として制度設計をしなければならない。一律的に性善説に立って制度をつくると、機能しないことになる。

しかし、それは人間社会が情けないほど悪意にあふれているためというわけではない。もちろん、そんな面も皆無《かいむ》とはいえないが、それ以上に、人間の解釈がさまざまであって、人間を一律に扱えないからだ。

「思いやりを持って、人のいやがることをしないようにする」の偽善

「思いやりを持って、人のいやがることをしないようにする」――これが日本の道徳の基本になっているようだ。小学生のころから、何度となく、この言葉を聞かされてきた気が

する。それどころか、言葉を換えて、いまなお、あちこちでこのようなことがいわれている。

私はこれも精神的な抑圧の態度だと考えている。

思いやりは、基本的によいこととみなされている。だが、場合によってはこれほどやっかいで鬱陶《うっとう》しいものはない。**思いやりはしばしば、相手への自分本位な善意の押しつけになる。**

日本人はとりわけ、相手も自分も同じような思いでいると思っている。そこで、**思いやりを持ち、相手が喜びそうなことをする。思いやりを持ち、相手がいやがるようなことをしない。**

そう思って、赤ん坊をつれた若いお母さん相手に、赤ん坊をほめる。あれこれと赤ん坊のことを尋ねる。名前を尋ね、年齢を尋ねる。

だが、それを母親はうれしいと思っているとは限らない。個人情報を口にすることをためらっているかもしれない。

場合によっては、深い事情があって、子どもができたことを秘密にしておきたいのかもしれない。幸せな気持ちではないのかもしれない。

8割くらいの母親はその会話によって心が癒《い》えるかもしれないが、残りの人はそうではないかもしれない。なかには、「このおせっかい、さっさと向こうに行けよ」と心の中で毒づく母親もいるかもしれない。

赤ん坊に対するやさしい言葉はよいほうだろう。いまでは間違いなくセクハラとみなされる、異性の身体的特徴を挙げてのほめ言葉（「西洋人並みの体形だね」「出るところ、出てるねえ」など）、結婚・出産への口出し（「そろそろ結婚適齢期だね」「子どもまだできない？」）なども、おそらく多くの人がまったく悪意なしに善意によって、思いやりを持って声をかけていたのだろう。

思いやりは、ほとんどの場合、相手の心を決めつけることを意味する。しかも、そこで人の心とみなされるのは、いっている本人の心だ。

他者を思いやる場合、自分と異なった価値観の人間を対象として想定していない。自分とまったく同じ人間が周囲にいると考えている。いや、もっといえば、自分と異なった感覚の人はいないと信じている。

その前提に立って、「自分だったら喜びそうなこと」を思いやって行動し、言葉をかけるわけだ。

しかも、思いやるという形で、相手にやさしく伝えるために、嫌いになってはいけないという圧力をかけているので、いっそうやっかいだ。やさしく丸め込んで、反対することを封じている。まさしく〝やさしい暴力〟。

しかし、その人が自分と同じと想定している人は、きっと多めに見積もっても8割程度だろう。残りの2割の人の心は置き去りにされている。2割の人からすると、その「思いやり」の心は、心ない言葉の暴力になりかねない。

そして、そういう人に限って、**思いやりのある態度をとってきた相手が自分を嫌っていたり、自分の思いと異なる行為をしたときに、「裏切られた」と感じる。**それは単に、自分の勝手な思い込みが間違っていただけなのに、そう感じてしまう。

そして、「あんなにやさしくしてあげたのに、私に歯向かうなんて、なんてひどい人だ」などと思ってしまう。


思いやりにあふれた言葉でさえも、相手を傷つけることがある。その言葉をかけても、嫌われるおそれがある。何をしても嫌われるおそれがある。

もっといえば、思いやりを持って、相手が喜んでくれると思ってかけた言葉の2割くらいは、腹立たしく思われ、それをきっかけに嫌われているかもしれない。そのような想像力を持つことが必要だ。

私は、**相手のことを考えるのなら、**あまり**思いやる必要はない**と考えている。むしろ、**もっとも大事なのは、その人が気軽に要求し、反対し、自分の意見をいい、そして他者を嫌うことのできる立場をつくること**だと思う。

その人個人のために何かをしてあげるのではなく、制度として、**だれもが遠慮せずに自分の思いを口にできるようにしておくわけだ。**そして、「だれか手伝ってほしい」「これをしてくれるとうれしい」と表明できるようなシステムをつくる。

少なくとも、**思いやりを示して何かをしてあげるよりは、何でもいえる雰囲気をつくることのほうが大事**だと考える。そして、**それが日本に欠けていることだと思う**のだ。

そして、これは、「相手のことを嫌いだと表明する権利」を保持しておくということにもつながるだろう。

「善意は美しい」の迷妄

匿名《とくめい》でいやがらせをする輩《やから》がいる。事件が起こると、加害者の家族にいやがらせ電話をかける。きちんとした証拠もないのに勝手な憶測《おくそく》を信じ込んで、けしからんと思った相手に電話攻撃、メール攻撃、ＳＮＳ攻撃を仕掛ける。タレントの行動などに対しても、一方的に中傷の言葉をネットに書きつけ、それを広める。

私もブログを書いているが、私ごときのところにも時折、罵倒《ばとう》や中傷の書き込みがなされる。前にも書いたが、２ちゃんねる（現・５ちゃんねる）にも私に対する書き込みがなされているらしい。

匿名で語ること自体が悪いといいたいわけではない。

匿名だからこそ本音を語ることができる。地位や年齢によって先入観を持たれずに、話を聞いてもらえる。自分のことを棚に上げて語ることもできる。

自分のことを棚に上げて語るのも大事なことだ。自分の身のほどを自覚しすぎると、人の批判など何もできなくなってしまう。匿名だからこそ、自由に、気楽に、自分の正体を知られずに本音を語ることができる。

だが、**匿名で人を非難・中傷するのは、私は許せない。**質問をするとき、称賛をするときには匿名でもよいが、批判するときには実名でなければならないと私は思う。**匿名で非難・中傷をおこなうのは、「人間のクズ」だと私は思う。**

匿名の存在というのは、講演会やパネルディスカッションのような場での客席に座る人々だと思う。その人々はワン・オブ・ゼム（大勢の中の一人）として講演者の発言に拍手をしたり、ときにヤジを飛ばしたりする。

だが、そこで客席の人が講演者に反論して非難したとする。そのときには、間違いなく、まずは名前を名乗るだろう。非難とは対立だ。対立するからにはワン・オブ・ゼムではいられない。個人として責任を持って、相手の意見に相対《あいたい》し逆らっているのだ。

それなのに、**匿名で非難するのは、自分だけ安全な立場にいながら相手に不意打ちを食らわせているに等しい。**まさに、正面からいくと即座に負けるとわかっているから、背後から闇討ちにしている。

非難するという行為もまた、個人と個人のコミュニケーションにほかならず、コミュニケーションであれば、お互いにある程度の自己紹介をおこなってこそ成り立つはずなのに、その基本を守っていない。

いい換えれば、**嫌われるという覚悟なしに、相手に対して嫌いだという表明をしている。**まさに最低限のルールであるコミュニケーションの基本に違反している。

しかも、この人たちは一方的に物事を決めつける。客観的、論理的に物事を考えない。片方の言い分を鵜呑《うの》みにして、あきれかえった理屈で攻撃する。その意味で、このような攻撃をする人は、卑劣《ひれつ》であるだけでなく愚《おろ》かともいえる。

とはいえ、この「愚かな人間のクズ」たちが根っからの悪人かというと、そうでもないのだと思う。善良で真面目な人もたくさんいるのだろう。ただちょっと知力に欠陥があり、しっかりと物事を考えることができなかったり、自分が不遇《ふぐう》であるために嫉妬《しっと》心やイラ立ちを抑えきれないだけなのだと思う。

このような「愚かな人間のクズ」を突き動かしているのは、きっと善意や正義なのだろう。「自分たちは善良に真面目に生きていた。それなのに、なんだ、そんな犯罪を起こすなんて。そんなひどい人間は生きる資格はない」、そう考えて攻撃する。

自分たちの善意、自分たちの正義を全《まっと》うし、自分たちが平和な生活ができるように、彼らが敵とみなしたものに牙《きば》をむいているわけだ。

その典型例が、新型コロナウイルス問題で生じた「自粛警察《じしゅくけいさつ》」と呼ばれる人々の存在だ。マスクをしていない人を見かける。深夜営業している店を見つける。県外への遠出を自粛するように呼びかけられている時期に県外ナンバーの車を見つける。親が医療関係の仕事についている人を見かける。

そうすると、どのような状況でそうなっているかを考えもせず、一方的に断罪して怒鳴りつけたり、非難の貼り紙をしたり、中傷の電話をかけたり、匿名のＳＮＳで攻撃を呼びかけたりする。自分たちの地域から追い出そうとする。自分たちの正義が絶対だと信じて、それに反する人を攻撃する。

新型コロナウイルスへの恐怖、そして自分たちの社会をそれから守りたい、多くの人に安全に暮らしてほしいという**善意と正義があるから強く出られる**。もし、自分の個人的な金もうけのために攻撃しているのなら、それほど強気ではいられないだろう。

このような人は、自分の内なる善意・正義を、自分の価値観の外にまでおよぼそうとしている。別の価値観の人、別の事情がある人の存在は視野に入らない。

まさにこれまで書いてきた「**みんな一緒**」**の意識に支配されている**。だから、**異質のものを攻撃する**。善意であればあるほど、正義を強く持っていればいるほど、そのようにする。**善意や正義ほど危険なものはない**。

なぜ人間のクズになり下がったかというと、「**健全に嫌う**」**ことができない**からだ。排除に向かうからだと私は思う。

自分の善意や正義と相容れない存在がある。だったら、嫌えばいい。これまで説明してきたやり方で嫌えばいい。悪口をいえばいい。だが、それができずに排除に走る。

ここでも、「健全に嫌う」ことが求められていると私は考える。

ここに描いた「善意」、これは特殊なのだろうか。いや、私はそうは思わない。

すべての「善意」がこうだとはいわない。だが、「**善意**」**の多くが**、仲間を守り、仲間の安全をなによりも大事にするものであるからには、それが**仲間以外を仲間から引き離そうとする結果として**、**このような排除になるのも当然**だと思う。

これは「善意」の特殊な形ではない。善意という圧力は、じつは善意のある一面の真実を示しているといえるだろう。

「おまえ一人の身体ではない」の傲慢

「おまえ一人の身体ではない」という言葉を目にすることがある。そのたびに私は強い違和感を覚える。

もちろんこれが身重《みおも》の女性に向かっていわれるのであれば、私も納得する。胎内《たいない》に子を持つ母親の身体は一人だけのものではない。二人分の命を持ち、二人分の身体を持っている。

それなら、私も同じようにいうだろう。その女性が危険なことをしていたら、そのようにいって、安全に過ごすように説得するだろう。現に私の娘が妊婦だった時期、そのようなことをいった記憶がある。

だが、私が目にしたのは、自殺しようとしている人に対して、思いとどまらせようとする言葉だった。

「おまえの身体は、おまえだけのものではなく、家族や友人のものでもある。おまえが死んでしまうと、みんなが悲しむ。だから、自殺を思いとどまれ」ということのようだ。

この言葉は、それはそれで正論のように見える。

人間は一人で生きているわけではない。一人の人間の身体をつくっているのも、じつは自分だけではない。親や祖父母の遺伝子を持っている。多くの人がその人を心にかけている。周囲の多くの人がその人の心配をしている。もし、私が自分勝手に自殺を選んだりしたら、多くの人が悲しむだろう。

だが、私はこの言葉に納得できない。**この言葉は、まるで個人の身体を共有財産のように扱っているではないか。**まさか移植のために臓器を求めているとは思わないが、これでは個人の独立を認めていない。個人は本人だけに所属するのではないかのようないい方だ。

みんながつながって生きており、みんなが同じものを好み、同じものを嫌い、同じような感覚で生きているかのようではないか。

もちろん、個人は独立している。

私の身体にナイフが刺さったとき、痛いのは私だけだ。何かの病で身体が痛むとき、痛みを感じるのは私だけだ。私の身体が死んだとき、この世から去るのは私だけだ。

それなのに、**ほかの人までもが私の身体を共有していると主張するのなら、それはなんという傲慢《ごうまん》だろう。**

私は、ほかはともかく、身体だけは私のものだと思う。身体のほかに、精神というものが存在するかもしれないが、私には、精神が自分だけのものだと胸を張っていう自信がない。

私は言葉を用いて考えている。どうも私の精神は根本的に言語から成っているような気がする。だが、言語はいうまでもなく民族共通の財産だ。

私は日本語を使って考えているが、日本民族共通の財産である日本語の文法にのっとり、日本語の語彙《ごい》にもとづいて考えている。日本語の語彙にない概念を使って考えることはほとんどないし、たとえ外国語の概念を利用することはあるにしても、バイリンガルではない私はそれを日本語に置き換えて考えている。

しかも、私の考えなど、ほとんどが借り物であって、これまで私が読んできた本やらどこかで聞きかじった言葉やらで成り立っている。

そもそも、「言語は民族共通の財産であって、精神は言語から成っている」ということもどこかで読んだことを私なりにアレンジしたもののような気がする。大半の借り物にちょっとだけアレンジを加えたにすぎない。このような私の精神が私自身だと胸を張っていう気にはなれない。

それに引き換え、私の肉体はまさしく私自身のものだ。この顔だったから、これまでのような人生を歩んできた。

もし私が福山雅治《ふくやままさはる》のような顔だったら、間違いなく私は別の人生を歩み、別の精神を持っていただろう。

もし私がイチローのような肉体を持っていたら、体育が苦手で家の中で音楽を聴いたり本を読んだりしていた人間にはなっていなかっただろう。

私の身体の中に明らかな自分の歴史が刻まれている。

いや、肉体だけが私のもの、というい方も正確ではない。私は肉体を自分のもの、自分の所有物と思っていない。「私」というものがどこかにあって、その「私」が私の肉体を持っているという感じがしない。**肉体そのものが私だ、肉体だけが私自身だと思っている。**

だからこそ、肉体をナイフで刺されると激痛が走り、痛みを感じたら、物事を考えているどころではなくなり、肉体が老化すると、精神も老化し、肉体が滅びると私が存在しなくなるのだと思う。私の精神など、私の肉体の中の脳の片隅にへばりついているひとつの現象にほかならない。

自殺をしようとする人は、「おまえ一人の身体ではない」という押しつけがましさにうんざりし、それをきれいさっぱり断ち切りたくて自殺しようとしているのではないかと私は思う。

私なら、自殺しようとしている人にこういうだろう。

「おまえ一人の身体だ。自分の身体に責任を持てるのはおまえだけだ。だから、最終的におまえは自殺をして自分を滅ぼすことができる。それこそがおまえの自由ということだ。おまえはいつでも自由を行使できる。

だが、早まるな。自分の肉体を滅ぼすことなんていつだってできるんだから、いまやる必要はない。

まだおまえの知らない好きなものがあるだろう。おまえの知らない嫌いなものがあるだろう。すでに知った気になって達観するなんて、あまりに傲慢だ。

きっとこれから先、かけがえのないものに出会うだろう。一緒に好きになったり、嫌いになったりする仲間もできる。敵もできる。

そうやって生きて、それでも自分で始末をつけたくなったら、そうすればいい。私だったら、早まらない」

これにどのくらい説得力があるかどうかはわからないが、私はその人をあくまでも、独立した個人として扱いたい。それがその人を尊重することにつながると思う。

「私」と「あなた」の不幸

日本語はつくづく不思議な言語だと思う。

コミュニケーションの基本は「私」と「あなた」、すなわち、英語でいうIとｙｏｕだろう。これなしにはすべてが成り立たない。いや、そもそもこれなしには生活が成り立たない。

ところが、日本では「私」と「あなた」にあたる言葉が使いにくい。

私がいおうとしているのは、「私」や「あなた」という人称代名詞を日本語では省略できるという話ではない。「いいにくい」という話だ。

イタリア語をはじめ、人称代名詞を省略できる言語は、日本語以外にもたくさんあるだろう。だが、私の知る限り、日本語ほど「私」という言葉、「あなた」という言葉を使いにくい言語はない。

少なくとも、男性の場合、子どものころから「私」と自分を呼ぶ人はほとんどいない。それにあたる人称代名詞は、「おれ」「ぼく」「おいら」などだろう。子どものころはそのような言葉を使う。

そして、大人になって、それらの言葉が社会人として問題があると知って、「私」という言葉に切り替える。少なからずの人が、「私」と自分を呼ぶときに、強い抵抗があったことだろう。

大人になっても、「ぼく」「おれ」を通している人、あるいは少なくとも、それが許される場になると、それらに切り替えている人も多いだろう。困った挙げ句、「自分」という軍隊用語風の言葉を用いている人も多い。

女性の場合はどうだろう。子どものころは自分のことを、あの童謡のように、ちゃんづけにして、「サッちゃん」などと呼んでいたのではないか。そして、少し長じて、「私」と使うようになる。男性と同じように、そこにわだかまりを感じて、「自分」と呼ぶ女性も、体育会系の人などに少なからずいる。

このように、男性であれ女性であれ、何のためらいも迷いもなく、「私」と呼んでいる人はじつは少数派なのではないか。少なくとも、いまこの場にふさわしいのはどの言葉なのかを選んで話している。

あれやこれやで、「私」というのも「自分」というのもおかしい。「ぼく」または「おれ」というわけにもいかない。子どもを相手にするときのように、自分のことを「おかあさん」と呼ぶわけにもいかない。どう呼んでいいかわからないので、とりあえず主語を省略したり、なるべく「私」という言葉を使わずにすむ文をつくったり、「こっち」「こちら」などと曖昧《あいまい》ないい方をしている人もいるのではないか。

これほどまでに、一人称単数を使うのにストレスのかかる言語はほかにはあるまい。もっとも使うことの多いはずの言葉がこれほど使いにくいことに、驚きを禁じえない。

二人称の代名詞になるともっと複雑だ。これもまた、「あなた」のほかに、「おまえ」「あんた」「きみ」「てめえ」などの呼び方がある。

「私」の場合と同じように、子どものころから「あなた」を使う人はいないに等しいだろう。あるときから、その言葉を学んで使用しなければならない。

しかももっと複雑なのは、現代の用法では「あなた」はけっして敬意を示す言葉ではないことだ。少なくとも、目上の人に向かって「あなた」ということはめったにない。上司に「あなた」と切り出したら、それは喧嘩《けんか》腰で何かをいおうとしているときに限られる。

では、どう呼ぶか。三つの方法がとられている。

一つめは、「おたく」「そちら」などという、苦しまぎれの言葉を使う方法だ。どうしても相手を示さざるをえないときには、このような言葉を使う人がかなりいるようだ。

二つめは、肩書で呼ぶ方法だ。相手が目の前にいても「課長、一杯いかがですか」などという。「おとうさん、食事よ」などと、自分の夫のことを子どもを通した呼び名で呼んだりする。それも肩書の変形としてとらえられるだろう。

三つめは、人称代名詞を省略する方法だ。うまい具合に、日本語には敬語がある。「お召し上がりになりますか」といえば、相手に向かって話していることがわかる。「ここに残りたいと思いますが、ご一緒していただけますか」などといえば、「私」のことであるのか、「あなた」のことであるのかが聞き手にはわかるようになっている。

二人称についても、こんなに面倒くさい言語はほかにないのではあるまいか。

なぜこのようなことが起こっているのか。

おそらく、日常的な人称代名詞と、よそゆきの社会人としての人称代名詞があって、**子どものころから使っていた言葉をある時期から使えなくなる**ことが、この使いにくさの原因だろう。

人間は変化するものを恥ずかしがる傾向にある。

成人が性器を人に見られるのを恥ずかしがるのは、きっと第二次性徴期になって形状が変化するからだ。女性が乳房を見せるのを恥ずかしく思うのは、これも大人になって変化するからだ。変化しなかったら、男性が胸を平気でさらけ出すのと同じように、きっと何のためらいもなく見せているだろう。

それと同じように、**人称代名詞に別の言葉を使わざるをえなくなるために、そこに恥ずかしさを感じる。そして、使用をためらう。**

日本人は、自分と他者の区別が曖昧だといわれる。自我意識が弱いといわれる。

そのとおりだと思う。自他の区別が曖昧なので、自意識をしっかり持たない。同調圧力が強い。自己主張しないで甘えてしまう。自分の好き嫌いをいうのをためらう。自己意識が弱いので、「私」「あなた」という言葉をはっきりと使わない。

だが、逆にこれらの言葉を使いにくいから、自己主張しにくいという面もありはしないか。**「私」という言葉が使いにくいから、「私」という意識を持たない。「あなた」という言葉を使わないから、自分と他者を明確に分けて考えない。**これは物事の両面であって、どちらの面もいえるのではないか。

私は、英語のＩとｙｏｕのように、子どもから大人までみんなが使う人称代名詞を明確にするべきだと思う。

「わたし」「あなた」でもいい。「おれ」「おまえ」でもいい。あるいは、もっと別の新たな言葉や古語の復活でもいい。「われ」「なんじ」でもいい。

そうやって子どものころから、一律にそのように呼ぶようにする。大人になってその言葉を使うようにする。そうすれば、自分のことを話すのにためらうこともなく、自分を明確に意識するようになるだろう。同調圧力を弱め、嫌いであることを明確にし、他人の嫌いも認めるようになるだろう。

現実にはなかなかむずかしい。しかし、私は**日本人の意識を変えるには、このように言語を変えてしまうしか方法はないのではないかと思う**のだ。

このように、だれもためらわずに「私」「あなた」にあたる言葉が使えるようになったら、日本人の意識は劇的に変化するだろう。私とあなたを意識するようになるだろう。自他の区別が明確になるだろう。

好き、嫌いを明確にするようになるだろう。他人を思いやって自分の感情を隠すことをやめたら、他人の感情に合わせたりしなくなるだろう。

一言でいえば、ずっと暮らしやすくなるだろう。

「神聖にして侵すべからず」の虚妄

かなり前のことなのでどなたの本だったか忘れたが、「近年、私的空間が拡大している」という分析を読んだことがある。

かつては電車の中は公共の場だった。ところが、ポータブルカセットプレーヤーや携帯電話が普及して、電車の中にいながら音楽を聴いたり、通信・通話をしたりといった私的行為ができるようになった。その結果、私的空間が広がって、電車の中にいても私的な場にいるように感じることになった。たしかそのような分析だったと思う。

それと同じことなのか、少し異なるのかわからないが、私は現代人の「自分の領分」が拡大しているのではないかと感じている。すなわち、**「ここから内側は私の領分だ。私にとって神聖にして侵《おか》すべからずの領域だ。だから、だれもそこに立ち入るな」という領域が拡大している**ように思うのだ。

私の場合、私の領分は、愛するものから成っている。家族や大事な人、もの、宝物のように感じている過去の出来事などだ。神に対する強い信仰がここに加わる人もいるだろう。その領分は他人から侵されたくないと思っている。それについては外部からとやかくいわれたくない。外部の人間にくさされるとムッとする。それどころか、場合によっては激怒する。

多様な価値観が重視され、一人一人の思いが大事にされるようになったせいだろうか。そうした部分がかなり拡大しているのではないか。

かつては、自分の撮った猫の写真をけなされたからといって、本気で他者といいあうといったことはなかったのではないか。だが、ペットまでもが自分の領分の大事な要素になって、それについて批判めいたことをいわれるだけで激怒する人が多いと聞く。

しかも、SNSの普及によって、他者を身近に感じるようになっている。ひと昔前であれば、他人が何かを語っていても、それが自分の領域に入ってこなかった。さほど関心を持たなかった。他人は他人、自分は自分でいられた。

ところが、現代では、ネットを日常的に目にするようになった。他者の意見が目に入る。そのなかに自分の領分とバッティングする部分が見つかる。すると、**拡大した自分の領域を侵害された気になる。こうして他者への攻撃がはじまるのではないか。**

第2章で書いた私のマーラー騒動もその一つだ。私のブログのなかのマーラー批判を読んで、マーラー好きの人たちが、自分の領分を侵されたかのように感じたのだろう。自分の領分が拡大すると、それに合致しない他者の意見は自分が攻撃されたように感じる。そこで私への非難をはじめたのだろう。

どうやら、ここには被害者意識があるようだ。**攻撃する人は、自分たちの領分が侵された、自分たちのほうが被害者だと感じる。**

あおり運転をした人は、ほとんどの場合、自分のほうが被害者であって、自分は単に自分の領分に入って邪魔《じゃま》をした運転者に注意しようとしただけだ、それが少しいきすぎただけだと主張する。

それはきっと苦しい言い訳でも強引な自己正当化でもなく、心からの本音なのだと私は思う。それと同じことが、心の中の「神聖にして侵すべからず」の領域に押し寄せている。だからこそ、自分の愛するものを他人が嫌いというのを見ると、まるで自分の神聖な領域が侵されたかのように傷ついて被害者意識を持つ。**まるで自分が攻撃されたかのように感じる。そして、相手を攻撃・排撃する。**

このような状況のために、攻撃されるのが怖くて、だんだんとだれもが「嫌い」と口に出せなくなっている。口に出せないだけでなく、自分のなかに嫌いなものがあることを否定するようになり、「みんな好きでなければならない」という意識になっている。ところが、人間の心は「好き」だけでなく、「好き・嫌い」から成っているので、ストレスを感じる。

このようなストレスにあふれた状況こそが、みんな仲良し社会の実態なのだ。

「マルバツではいけない」の頑迷

私は小論文を指導する際、「イエス・ノーを明確にするのが小論文だ」と指導している。そもそも「論じる」とは「物事の是非《ぜひ》をただす」(『広辞苑』)、すなわち、「イエスかノーかをはっきりさせる」ということなのだから、小論文というのは、イエス・ノーを明らかにする文章のことだと説明する。

このごろでこそ、だいぶ私の意図を理解してもらえるようになったが、私が指導をはじめたころ、あちこちから非難された。いまでも同じような非難が寄せられる。

その代表的なものが、「物事は○×(マルバツ)では片づけられない。イエス・ノーはいえない」というものだ。

だが、いうまでもなく、小論文において、イエス・ノーは明確であるのが望ましい。つまりは、マルバツをはっきりさせなければならない。

「マルバツはよくない」と語る人は必ず、それを単純な二分法だと考えている。物事はよいか悪いか、そうするべきかするべきでないか、好きか嫌いかでは分けられない、物事の真理は中間にある、もっと複雑なものだという。

もちろん、私も「あいつは敵だ、やっつけろ」というタイプの二分法がよいと考えているわけではない。だが、まずはマルバツをはっきりさせる必要があると思う。

そもそも小論文とは理念について問われるものだ。これから先、社会はどうあるべきか、どのような方向に進むべきかを書くことが求められている。それに対して、「どちらでもない」では、答えたことにはならない。

これが私の小論文についての考えだが、私は、小論文を書く場合だけでなく、**日常的な問題についても、ある事柄について真剣に考える場合には、できるだけイエス・ノーを明確にすること、すなわちマルバツを明確にすることが必要だと考える。**日本では、それがあまりに曖昧にされているのを感じる。

日本では、「マルバツはよくない」と称して、中途半端なままにしている。

「よい面もあれば、悪い面もある。どちらともいえない」

「状況による、場合による。一概にいえない」

「物事はそれほど単純には決められないので、もっと考えてみる必要がある」

……結局このようになってしまい、結論が出ず、うやむやになってしまう。

たしかに、何でもかんでもイエス・ノーを明確にするのはむずかしい。私自身、さまざまなことについて「どちらともいえない」「判断がつかない」と思うことは多い。いや、それ以前にほとんどのことに関心がなく、「どちらでもよい」という場合が多い。

それに、西洋人のように何でもかんでもはっきりとイエス・ノーを断定するのもどうかと思う。

ヨーロッパで道に迷って通りがかりの人に道をきくと、だれもが自信を持ってある方向を指さし「あっち」と答える。ところが、それが間違っていることが多い。いわれた方向に行ってみたら、まったくの反対方向だったということがしばしばあった。

私に限らず、ヨーロッパを一人で歩いた多くの人が同じような経験を語るので、これはおそらく普遍的な事実だろう。

きっと、西洋人は「知らない」「わからない」というのを恥だとみなし、はっきりとイエス・ノーをいわなければならないと考えているのだろう。間違った方向を教えるのも、その一つの表れなのだと思う。

だから、このようにまでして西洋人の真似をするべきだとは私も思わない。

だが、少し真剣に考えてみようとしている問題については、「マルバツはよくない」といって逃げるべきではないと思うのだ。

先ほど、論じるとはイエスかノーかを明確にすることだと書いた。だが、論じる場合だけではない。**そもそも思考するということは、一つ一つの項目を取り上げて、それが好ましいのか、それを進めるべきなのか、それは可能なのかを明確にしていくことだ。**

ある政策について考える。その政策が社会をよくするものであるのか、そもそもその政策は実行可能なのか、いい換えればマルかバツかを考える必要がある。

そのためには、その政策がある階層、ある職業、ある地域、ある思想の持ち主にとってどのような影響を与えるか、それはよいことなのかどうなのかを考える。

いや、それ以前に、どの階層、どの職業、どの地域、どの思想について考慮する必要があるのか、それでよいのかというマルバツも考える必要がある。

つまり、**思考するとは、次々とマルバツを考えていくということだ。**マルバツ思考を否定していたら、何も思考できない。論理的に思考するということは、まさしくマルバツ思考をくり返していくということにほかならない。

細かいマルバツ思考をくり返したうえで、大きなマルバツを明確にする必要がある。もしそれができなかったら、動きがとれない。

細かい点ではよい面も悪い面も、どちらともいえない面もあるだろう。だが、全体的にそれは好ましいかどうかを明確にし、それが好ましいとなったら、それを実行するにはどうするべきかに進むことができる。

くり返すが、マルバツ思考を否定していたら、そのような論理的な思考ができず、何も先に進まなくなるわけだ。

物事を中途半端にしてしまうのではなく、自分が大事だとみなす項目については、賛成か反対か、よいか悪いかを明確にしてこそ、社会人として自覚的に生きていける。

日本人は、イエス・ノーを曖昧にしてどっちつかずの態度をとり、結局、立場を明確にできず、うやむやに生きている。心の中で反対していても、嫌いだと思っていても、それを表に出さず、それを自分でも自覚せず、ストレスをため込んでいる。

「イエス・ノーで分けられない。中間が正しい」という考えがなし崩し的に物事をうやむやにしている。それが日本社会の常識になっている。

しかも、その曖昧さが圧力となって、心やさしい同調圧力になって人間を苦しめている。

すべてをやさしく包み込み、イエスもノーも好きも嫌いも一緒くたにして、すべてを愛するように、すべてをひとまとまりにして押し込める。

「先を隠す文化」の姑息

私が近年、大いに気を揉《も》んでいることがある。それを名づけるとしたら、「先を隠す文化」ということになる。

たとえば、テレビのワイドショーで、社会問題や政治問題を解説しているシーンを想像していただきたい。そこでしばしばフリップなるものが登場する。紙芝居のようなパネルに社会問題のキーワードや問題点などが書かれている。

そこに書かれた文字のなかには、しばしば隠されている部分がある。キャスターや解説者が、その隠された部分をはぎとりながら、説明を加えていく。

ワイドショーだけではない。れっきとした報道番組でもこの手法が用いられる。何かを説明するとき、フリップを取り出すと、多くの場合、貼り紙で文字が隠されており、解説者はそれをはぎながら説明を進める。

この手法はテレビばかりでおこなわれているわけではない。会社のプレゼンなどでも使われる。パワーポイントの機能のなかに、ある文字列を隠しておいて、後になってそれをあらわにする機能がある。多くのビジネスパーソンがそのような機能を多用して説明をしている。

多くの人がこの機能を便利と考えているからこそ、この手法が一般化し、だれもが使いこなせるようになっているのだろう。

もちろん、**この手法は、前もって視聴者に先を読ませずに、期待を持たせ、好奇心をかき立てて、徐々に明かしていく効果を持つ。**それをめくる前には、視聴者は隠されているその部分がどうなっているのか好奇心をくすぐられる。そして、それがはがされるにしたがって、徐々に真相に近づいていくわけだ。

私は好奇心を持たせる工夫も姑息《こそく》だと思うのだが、それはよしとしよう。それ以上に問題がある。

私は**この手法は、読む人の時間や意識、読むスピードなどをコントロールしていると思う。**人の読む時間は本人の自由のはずだ。もちろん、発表者の話しているとおりのスピードで資料を見る人もいるだろう。だが、なかには先走って、発表している部分よりも前を読む人間もいる。いや、きっとそのほうが多数派だろう。

ところが、目隠しがしてあると、その部分が読めない。発表者がそれをコントロールしているわけだ。

それだけならまだいい。もっと問題なのは、それが反論しにくい状態をつくりだしているということだ。いや、そもそもこの手法はそれが本当の狙いだろう。

前もってフリップの先が読めたら、それを見る者はさまざまな状況を頭の中で想定する。発表者がいおうとしているのとは逆のことも考える。反論も頭に浮かぶ。フリップにはこう書かれているが、そうとは限らないだろう、などと考える。

ところが、直前になるまで貼り紙がされていて、直前になってそれがはがされると、それができない。前もって俯瞰《ふかん》図を持つことができない。発表者が紙をはがして初めて、視聴者はそれについて考えることができる。時間がないので、じっくり考えられない。そして、すぐに次のフリップに移っていく。

要するに**この手法は、反論封じにほかならない。**先を読ませないための姑息な手段でしかない。もっといえば、この手法は**視聴者の思考をコントロールし、反対させずに一方向**

に向かわせる。

現在、社会のあらゆるところでこの手法が幅を利かせている。これはまさに思考を画一化し、みんなに一つの指向を受け入れさせている。

これに慣れてしまうと、反対意見を持たず、嫌悪感も持つことができず、いわれたことを鵜呑みにしていくことしかできない。

「考えさせない」ＢＧＭの罪状

隠す文化とともに、日本人が自分なりの思考をし、自分なりの感情を持ち、自分なりの考えを持つことを邪魔しているものにＢＧＭがある。これこそ、日本人を愚か者にしようとしているものに思える。

もっともうるさいのはパチンコ店だ。もちろん私はもう40年ほどパチンコ店には入っていない（学生時代はパチンコばやりだったので、何度か入ったことがある）が、たまに駅前を歩いていて、パチンコ店のドアが開いたとたんに大音量の音楽が流れてくるのに驚くことがある。

あの音量の中では、人間はまともな思考はできないだろう。人間は思考力を失い、パチンコの玉や機械と一心同体となって、遊興に浮かれ、金を使うのだろう。

パチンコ店に限らず、店の中で大きな音で音楽を流しているところも多い。景気づけに店の外にまで聞こえるよう流すところもある。

渋谷に行くと、ハチ公前交差点では、巨大な広告画面に映像が流れ、そこから大きな音楽が流れている。センター街や道玄坂《どうげんざか》も音楽にあふれている。

私は耳栓を持ち歩いて、この付近を歩くときには、周囲の音を遮断《しゃだん》することにしている。

もっとも耳ざわりなのは、スーパーでかかっている宣伝の歌だろう。多くのスーパーにオリジナルの宣伝の歌があるようだ。

短いフレーズで完結し、それをくり返す。単純で親しみやすいメロディなので耳につく。これも一種の催眠《さいみん》効果であって、つい財布のひもをゆるめる気分になり、そのスーパーをなじみのものと感じさせるように仕向けている。

日本では、このごろでこそ減ってきたものの、**いまだに喫茶店でもレストランでもホテルでも音楽がかかっている**ことが多い。聞こえるか聞こえないかのような小さな音の場合もあるが、そうでない場合もある。クラシック音楽の場合もあれば、そうでないことも多い。

こうした音楽の使用は日本に特有のことではないか。少なくとも、欧米ではこのような音楽はかかっていない。喫茶店やレストランでは音楽は皆無《かいむ》だろう。ホテルでも音楽はかかっていない。

中国などでは、お店に入ると大音量の音楽がかかっていることがあるが、それは先に述べたように、理性をなくしてお金を使わせるための工夫だろう。穏やかな音楽がかかっているというのは、かなり日本に特有のことだと思われる。

音楽がBGMになっている。いい換えれば、**音楽が「ながら」のものになっている。これは音楽好きとしては由々《ゆゆ》しきこと**だと思う。

以前、ある音楽好きの作家の文章を読んでいたら、「私はクラシックが好きだ。いまも、この原稿を書きながらクラシックを聴いている」と書かれていたので驚いたことがある。**私はクラシックが好きだ。だから、原稿を書きながら音楽を聴くことはまずない。**原稿を書きながら、クラシックを聴くことなどできない。音楽のなかのさまざまな要素を、原稿を書いていたのでは聴き取れない。

私は音楽を聴くときには音楽を聴く。原稿を書くときには原稿を書く。テレビをつけながら原稿を書くことはあるが、それは特にそのテレビ番組が好きではないからだ。

もちろん、さまざまな音楽の聴き方があると思うが、少なくともクラシック音楽に向かうときには一心に音楽に耳を傾けなければ、音楽に対してあまりに失礼だと思う。

いや、それだけではない。

先ほど述べたとおり、BGMによってしっかりと考えることができなくなっている。**音楽が思考をマヒさせるものとして機能している。**

問題はさらにある。ホテルや喫茶店やレストランで人と話をする。あるいは一人で何かを考える。そのとき、音楽という介在《かいざい》物があると、他者と、あるいは自己と真正面から対《たい》峙《じ》できない。音楽という介在物を通すことになる。

そもそもBGMを流すということは、人と人が直接に対峙する、向きあうことを避けて、関係を間接的にするためのものだ。相手に対して、好悪《こうお》の感情を直接的に持たないように、**賛成・反対の意見を持たないように、間違ってもそれを口に出さないようにというのが、BGMの効果なのだ。**

統計をとったわけではないが、ＢＧＭは以前に比べるとだいぶ減っているという印象を抱いている。以前はどこでももっと大きな音で音楽がかかっていた記憶がある。だから、日本人もだいぶ、人間関係が直接的になってきた。グローバル化の影響なのかもしれない。だが、まだＢＧＭのかかっているところが多い。私はもっと減らすのが望ましいと思う。そうしてこそ、他者と対峙でき、自分の考えを持ち、それを相手にぶつけ、相手を好きになったり、嫌いになったりできると考えるのだ。

「教育で改める」の安易

何かが起こると教育に頼ろうとする。それは日本社会の悪癖《あくへき》といえるだろう。

いじめが起こり、自殺者が出る。すると、「命を大切にするように教育をするべきだ」「いじめをしないように教育するべきだ」という意見が必ず出てくる。

意見が出てくるだけならいい。実際にそのような通達がなされ、学校がそれに振り回されて、時間をとってそのようなことを先生が講釈する時間がもうけられる。

ネットにかかわったために青少年が事件に巻き込まれることが問題になる。すると、今度は、「ネットの使い方を教育するべきだ」「ネットで誘われてもついていかないように教育するべきだ」という話になる。

何か問題が起こるごとに、それについての教育がなされることになる。

教育に頼ろうとするのが間違いだというのにはいくつか理由がある。

まず、教育に頼っても、効果が上がるとは限らない。**大人は、教育をすれば、子どもはそのまま受け入れると考えているようだが、そんなことはない**。いくら、「命が大事だ」「自殺してはいけません」「いじめてはいけません」と教育しても、それを素直に聞くとは思えない。

世の中の子どもは、真面目な大人が考えるほどに素直にいうことをきくわけではない。「はい、そうします」と心の底から納得して、すぐに実行するような子どもは皆無《かいむ》に等しいだろう。

それに、そのような教育をすると、むしろ、子どもたちにそれを表ざたにしてはいけないと知らせることになる。だから、**教育したとたんに、子どもはそれを隠すようになり、表に出なくなってしまう**。

しかも、大人たちは、次々と教育しようとするが、教えることが増えれば増えるほど、どうしても薄まってしまう。

「いじめをしてはいけません」

「知らない人についていってはいけません」

「自殺してはいけません」

「SNSに人の悪口を書いてはいけません」

などと大量のことを教えると、一つ一つがおろそかになってしまう。新たに何かを教えるということは、それまで教えていた事柄の重要度を減らすことにつながる。

そして、もっと肝心《かんじん》なのは、**教育に頼ろうとする考え方はすべて、それを鵜呑みにさせようという意識にもとづいている**ことだ。

きれいごとをマインドコントロールして子どもたちの意識に刷り込もうとしている。子どもたちに反対するチャンスを与えていない。子どもたちに自分の頭で考えさせる機会を与えていない。

これは、まさしく教育を嫌いにさせ、先生を嫌いにさせ、学校にそっぽを向かせる役にしか立っていない。

だが、私がこのような施策にもっとも抵抗を感じるのは、このように教育しようとする人の発想だ。このような人は、学校に通う子どもたちは一様に同じような価値観を持ち、しかも、教えればそのまま受け入れる素地《そじ》があると思っているようなのだ。

そこには、それに反対する人間がいるだろう、それを嫌う子どもがいるだろう、子どものなかにも対立があり、あれこれ衝突があるだろうという発想が抜けている。

このような発想にもとづく施策がうまくいくはずがない。

このような善意や美しい思想の刷り込みは国民の頭を画一化し、考えさせない文化をつくろうとしている。日本社会を最悪の社会にしようとしている。

「だれの前でも態度を変えるべきではない」の幼稚

よく、「おれはだれに対しても同じ態度をとる」といって自慢《じまん》する人がいる。相手がだれでもできるだけ同じように振る舞い、偉い人の前でもペコペコせず、目下の人間の前でも偉ぶったりしないということだ。

そして、そのような人は、他者に対して態度を変える人を見ると、その人を攻撃する。「同じ態度をとるべきだ」というわけだ。

かつてブログに、電車の中での体験を書いたことがある。

ある中年の女性が傘《かさ》の柄《え》を吊《つ》り革にぶら下げ、その傘をつかんで立っているのを見かけた。電車は満員ではなかったものの、座席は埋まり、立っている客もちらほらいた。

女性は吊り革にかけた傘をブラブラさせている。傘は長いので先端が座席に座っている人に当たりそうで、見ていて気が気ではなかった。私は、危険なのですぐにやめるように女性に注意した。ところが、女性は私の注意を聞き入れずにいい返してきたのだった。

私はそのあまりの非常識な態度にあきれ、ブログにその様子を書いた。そして、そのとき、「もし相手が屈強《くっきょう》な男性だったら、口にしなかっただろう」とつけ加えた。

これは、ある種の自虐《じぎゃく》ネタでもある。私はそのような正義を振りかざさずにちょっと斜《しゃ》に構えた文章を得意にしている。だが、もちろん本音だ。

実際に屈強な男性であったり、悩みを抱えた人間にそのような注意をしたら、何が起こるかわからない。危険な人間を相手にそのような注意をするのは愚《おろ》かの極みだ。

自分が安全だと確認して注意するのは大人として当たり前のことだ。そこで無謀《むぼう》なことをしたら、命にかかわるだけでなく、周囲にも迷惑がかかる。傘の危険よりももっと悲惨《ひさん》なことになる。当たり前の常識を持っている人間としたら、これは当然の判断だ。

ところが、世の中の暇《ひま》で少し頭の足りない人は、こういうネタを手ぐすね引いて待っているようで、何人かの人がこの一文に飛びついてきた。

匿名《とくめい》で**「相手によって態度を変える人は信用できない」**といったコメントが何本も寄せられた。挙げ句の果ては、**「相手によって態度を変える時点で人間性が知れる」**と書いてきた人もいた。

どうやら、これらの人は、匿名で人を中傷することは、相手によって態度を変えるレベルどころの卑劣《ひれつ》さではないことに気づいていないようだ。匿名で人を中傷するのは、相手によって態度を変えるもっとも極端な形にほかならない。相手が見えないからこそ、そのような強い態度に出ているのだから。

話を元に戻す。

日本ではこのように、「相手がだれであっても同じ態度をとるべきだ」という幼稚な考えを信じている人が多い。おそらく社会性の希薄な人ほどそのように信じているのだろう。

だが、いうまでもなく、人間はだれに対しても同じ態度はとれない。

社会のなかで生きるということは、社会的な役割を果たすということだ。

たとえば私は、家庭では夫や父親、仕事場では「先生」、趣味の会では、「楽器ができないのにクラシック大好きのおじ（い）さん」の役割を演じている。

家庭で「先生」の態度をとったら、妻にどんな仕打ちをされるかわからない。仕事場で夫や父親の態度をとったら、セクハラやらパワハラになってしまって顰蹙《ひんしゅく》ものだろう。趣味の会で「先生」の態度をとったら、愚か者扱いされるだろう。周囲は私以上の知識や教養の持ち主、あるいはまさにプロの音楽家の方たちなので立場がなくなる。

会社ではだれもが、上司と部下、先輩と後輩の立場をとる。相手によって態度を変えなければ、一日たりと成り立たない。社長に対してと後輩に対して、同じ態度をとるわけにはいかない。

相手が気弱だったら、励ますようにいい、相手が自信家だったらきつくいう。相手が子どもだったら、やさしい大人として振る舞い、相手が年寄りだったら、若輩者としての態度をとる。

それと同じで、相手が傍若無人《ぼうじゃくぶじん》な危険な人物だったらおとなしく振る舞い、そうでなければ正義を通そうとする。当たり前のことだ。人間はそうやって生きている。そうやって生きなければならない。

社会に出てコミュニケーションをとり、円滑に暮らしていくということは、周囲との関係性のなかでそれなりの自分を演じることができるということなのだ。それなのに、ずっと同じ自分を通されると、まさしく社会生活は成り立たない。

そもそも、人間関係において、相手かまわず本音を語るのは、必ずしも好ましいことではない。いうまでもなく、もし、本当に本音ばかりを語っていたら、すべての人間関係はたった一日で崩壊するだろう。ネットの発言は本音なのだろうが、匿名でコソコソいうのではなく、対面でそれと同じことを語ったら、それこそ大変なことになるだろう。

だから、いうまでもなく、嫌いであることは肚《はら》の中におさめておかざるをえないことも多い。

私は嫌いということを表に出すのは悪いこととは思わないし、どしどしそれを表すべきだと考えているが、嫌いだと表明することによって損害をこうむるのであれば、肚の中におさめておくのが得策だ。

いくら本当は嫌いであっても、それを何でもかんでも表に出してしまうと大変なことになることがある。それくらいの生活の知恵はつけておく必要がある。

面従腹背《めんじゅうふくはい》は悪いこととされているが、もちろん現実の社会ではやむをえない。肚の中では怒りで煮えくり返っていても、表情には出さずに理不尽な指示に従うしかないことが多い。

ときには心にもないことを語らなければならない。おべっかもいわなければならない。それが求められているのだから、できるだけ避けるにしても、最低限はやむをえない。

相手によって態度を変えることをうしろめたく思う必要はない。とりわけ、その人が好きか嫌いか、相手の態度にイラ立っているかどうかは包み隠しておくのが望ましい。相手によって態度を変え、おとなしくしていることも必要である。それが社会人のたしなみというものだ。

私のブログに寄せられたコメントを見ると、こんな当たり前のこともわかっていない幼稚な人間が多いようなので、あえて書かせてもらった。

終章　「嫌い」を口に出せる成熟社会

いまこそ「嫌い」の復権を！

本書で私が語りたかったことは、きわめて単純だ。一言でいえば、「嫌い」の復権ということになる。

「嫌い」ということは、「好き」とともに人間の大事な要素をなす。好きと嫌いによって人間は自分を築き、自分を成長させる。ところが、現代では、嫌いという言葉を表明するのがむずかしい。嫌いという気持ちを持つことも罪悪感をともなうものになっている。集団は仲良くしなければならないという同調圧力があるため、他人が好きなものを嫌いといえない。他人を嫌いといえない。**現代人は好きでなければならないというプレッシャーのなかで生きている。**

近年、かつての集団主義・同調圧力は好ましくないものとしてとらえられるようになった。多様性が認められるようになった。少数者が尊重されるようになった。

そのために、さまざまな「好き」が尊重されるようになった。半ば建て前であっても、他人の「好き」は認められている。以前の社会だったら、不謹慎《ふきんしん》・不真面目・低劣《ていれつ》・愚《ぐ》劣《れつ》・無価値とみなされていたものも、それぞれの個性や好みとして認められる。尊重しなければならないということになった。

だが、他人の価値観を認めるのであれば、「好き」だけでなく、「嫌い」も認めるべきだろう。価値観は「好き」だけでなく、「嫌い」からも成っている。ところが、「好き」に関しては認められているのに、「嫌い」というと、それを否定することにつながるので、それがいえないことになっている。

すなわち、**「嫌い」は、他人の「好き」とバッティングしてしまうため、「嫌い」が抑圧されている**。そのような構図になっている。

しかし、「嫌い」というのも大事な人間の感情であり、そこから人間が築かれている以上、その感情も復権するべきであり、解放するべきなのだ。

そこで**私の求めるのは、「嫌い」が排除にならない社会なのだ。みんなが自分の「好き」と「嫌い」を大事にし、他人が自分の好きなものを嫌ったところでそれを許容する社会だ。**

じつは**それこそが、深い意味で多様性を認める社会だろう。**

他人の「好き」だけを尊重しても、それは一面だけの多様性を認めていることにしかならない。自分に何の影響もないところで、無関係な他者の存在を意識しているにすぎない。自分と価値観が異なり、ときにぶつかりあい、考えが食い違う人の価値観を認め、そのうえで交流してこそ、多様な価値観を認めあったことになるだろう。

私が理想とする社会では、弱者を相手にしているときをのぞいて、原則としてだれもが好きも嫌いも自由にいいあえる。

もちろん、相手に面と向かって「嫌い」というのは自分にとってソンなので、無理にいう必要はない。面と向かっていう場合にも、それなりのテクニックを要する。だから、自分で判断して、嫌いなものを「嫌い」と表明する。

周囲に合わせる必要もない。周囲からの同調圧力もない。嫌いなものを嫌いと考え、それを口に出し、それにもとづいて自分を見つめ、自分を築いていく。

嫌いだからといって、それが差別や排撃や攻撃にはならない。あくまでも自分の個人的な感情として語る。

他者が自分の大事なものを「嫌いだ」といっていても、それを許容する。自分が「嫌いだ」と率直にいっているのだから、他者がそれをいうのも認めなければならない。他者が

「嫌いだ」というのを許容しているのだから、自分も遠慮なく「嫌いだ」といわせてもらう。それこそが欺瞞《ぎまん》抜きに多様性を認めあうことだ。

そうして、まったく別の価値観の人同士が共存して生きていく。理解しあうのはむずかしい。だが、別の好きなもの、嫌いなものを持ち、それぞれバッティングするものを基盤にしている人同士として共存する。

「好き」「嫌い」が異なる人と共存する社会

これからもグローバル化の波は進むだろう。コロナ禍《か》によって、しばらくは人の移動は抑制されるかもしれないが、グローバル化を押しとどめることはできないだろう。日本国内に多くの外国人が暮らすようになるだろう。観光客もまだまだ増えるだろう。

そこで**大事なのは、好き嫌いを異にする人との共存だ**。本書で私が書いた考え方は、そうした社会でも大事になるだろう。

多様な価値観を認めるというのは、それほど甘いことではない。それは、自分が好きなものを嫌いといわれても共存をはかるということだ。それを踏まえたうえで、自分の「嫌い」を大事にするのが、人間のあるべき生き方だと私は考えている。

著者略歴

一九五一年、大分県に生まれる。早稲田大学第一文学部卒業後、立教大学大学院博士課程満期退学。フランス文学、アフリカ文学の翻訳家として活動するかたわら、受験小論文指導の第一人者として活躍。多摩大学名誉教授。通信添削による作文・小論文の専門塾「白藍塾」塾長。MJ日本語教育学院学院長。
著書には二五〇万部の大ベストセラーとなった『頭がいい人、悪い人の話し方』(PHP新書)をはじめ、『65歳　何もしない勇気』(幻冬舎)、『「頭がいい」の正体は読解力』(幻冬舎新書)、『65歳から頭がよくなる言葉習慣』(さくら舎)などがある。

「嫌《きら》い」の感情《かんじょう》が人《ひと》を成長《せいちょう》させる
——考《かんが》える力《ちから》・感《かん》じる力《ちから》・選《えら》ぶ力《ちから》を身《み》につける

二〇二一年二月一一日　第一刷発行

著者　樋口裕一《ひぐちゆういち》
発行者　古屋信吾
発行所　株式会社さくら舎　http://www.sakurasha.com
東京都千代田区富士見一-二-一一　〒一〇二-〇〇七一
電話　営業　〇三-五二一一-六五三三　FAX　〇三-五二一一-六四八一
編集　〇三-五二一一-六四八〇　振替　〇〇一九〇-八-四〇二〇六〇
装丁　石間　淳
装画　スズキタカノリ
印刷・製本　中央精版印刷株式会社

ISBN978-4-86581-282-4